国家社科基金重点项目（编号：13AZS021）阶段性成果
全国高等院校古籍整理研究工作委员会直接资助项目（编号：1614）最终成果

琉球救国请愿书整理与研究

（1876–1885）

孙晓光　赵德旺　侯乃峰　著

新华出版社

图书在版编目（CIP）数据

琉球救国请愿书整理与研究（1876-1885） / 孙晓光,赵德旺, 侯乃峰著.
北京：新华出版社, 2018.9
ISBN 978-7-5166-4330-3

Ⅰ.①琉… Ⅱ.①孙… ②赵… ③侯… Ⅲ.①琉球－史料
Ⅳ.①K928.6

中国版本图书馆CIP数据核字(2018)第225832号

琉球救国请愿书整理与研究（1876-1885）

作　　者：孙晓光　赵德旺　侯乃峰

责任编辑：董朝合　　　　　　　　封面设计：臻美书装
责任印制：廖成华

出版发行：新华出版社
地　　址：北京石景山区京原路8号　邮　　编：100040
网　　址：http://www.xinhuapub.com
经　　销：新华书店、新华出版社天猫旗舰店、京东旗舰店及各大网店
购书热线：010－63077122　　中国新闻书店购书热线：010－63072012

照　　排：臻美书装
印　　刷：河北鑫兆源印刷有限公司

成品尺寸：145mm×210mm　1/32
印　　张：7　　　　　　　　　字　　数：205千字
版　　次：2018年10月第一版　印　　次：2018年10月第一次印刷

书　　号：ISBN 978-7-5166-4330-3
定　　价：49.00元

序言

  青年学者孙晓光等经过近三年文献搜集、整理与研究，合作撰写的《琉球救国请愿书整理与研究（1876-1885）》一书，将要与读者见面了。看到青年人的茁壮成长，我很欣慰。

  孙晓光领衔的东亚海域研究团队，以晚清"琉球救国请愿书"这一"小"问题为切入点，进而呈现晚清东亚变局的"大图景"，关注琉球人对清廷的"救国请愿书"及其救国请愿运动，深入探讨琉球君臣在琉球国危亡之际，所提出的复国运动形态及国家构想。我以为，对《琉球救国请愿书》的整理与研究具有重要的学术意义与现实价值。

  日本在近代国家形成过程中，具有强烈的领土扩张意识。在甲午战争以前，日本国家的目标，首先是琉球王国。它蔑视国际公法的存在，采取得寸进尺的步骤，将不久前刚刚与欧美国家签订了条约的主权国家琉球，巧妙地以内政问题处理的形式，强行纳入日本版图。这就是日本历史上的所谓"琉球处分"。公正地说，"琉球处分"是幌子，侵略并灭亡琉球是实质。一向强调国际法的欧美国家，竟容允了日本的这种侵略行为。但是，清政府不能接受一个独立的主权国家被非法灭亡的行为，向日本政府提出了抗议。中日之间就琉球地位问题交涉多年，因日本筹划发动甲午战争拒绝继续交涉而作罢。历史已经清楚地揭示出：日本吞并琉球，是发动甲午战争的先声，它的下一个目标是要夺取朝鲜和台湾，进而把进攻的对象锁定在中国。

面对日本政府的非法"处分"，琉球王室的高层官员陆续密航中国，并以福州、北京、天津为据点长期开展琉球救国运动，这个弱小国家的顽强的"复国"、"复君"精神，在琉球史上将留下浓重一笔。我们过去知道琉球君臣向清朝政府求救的行为，但像孙晓光这样搜集到32份琉球人的救国请愿书，还是让我们感到兴奋。

5年前，我曾在《人民日报》上著文讨论了琉球王国地位"再议"问题，引起海内外广泛关注。所谓"琉球再议"，是指琉球作为一个国家的国际法主体地位值得再议。我认为，作为一个历史学者，关注、研究琉球问题，必然提出琉球地位问题需要"再议"的课题，这是从琉球历史和近代中日交涉的历史中得出的结论，它不是从现实的中日关系出发的。当然，提出"琉球再议"，可能对现实的中日关系产生何种影响，不是一个学者可以把握的。我认为在讨论钓鱼岛问题的时候，不可以不提到琉球问题，不可以不联系甲午战争和《马关条约》。这是不可回避的历史问题。

琉球再议要议什么？这是读者普遍关心的问题。今年5月，我出席北京大学历史系主办的第三届琉球·冲绳问题国际学术研讨会，曾就琉球再议问题作了扼要阐述。《琉球新报》等日本报纸报道了我的发言。借这个机会，再说一次。

我以为，琉球再议，至少可以有如下几点含义。

第一点，琉球在 1879 年被日本吞并以前，是一个独立的国家，明清两朝都与中国有藩属关系。所谓藩属关系，琉球国新国王登基，需要得到中国皇帝的册封与承认，琉球人认为才具有法律地位。所谓朝贡，现代学者研究具有贸易的性质，其实是带着礼物走亲戚。两个很亲的亲戚，如果不经常走动，就生疏了。两个国家更是如此。琉球国每年或者隔年到中国走动一次，带一些礼物。明朝末年，与琉球国邻近的日本岛津藩以武力强行要求琉球朝贡，琉球自忖力量小，不得不应付，但当日本提出阻止琉球向中国朝贡要求后，为琉球坚拒。1879 年日本吞并琉球，是强制的，是武力的，不是自愿、和平的。当琉球国王被450名日本军人和150名日本警察抓到东京后，琉球国内还派出请愿大臣到中国哭诉，要求中国出兵相救。中国面临西方殖民主义炮舰政策进攻下，宗藩体系正处在瓦解的过程中，无力派兵相救。但清朝政府正式向日本提出了抗议，清朝驻日本公使也向日本政府提出了质询和谴责。1879年底、1880年初，中日之间进行了外交谈判，讨论过"三分琉球"方案，也讨论过"分岛改约"方案，双方未能达成一致。我们现在查到的资料，1887年，总理衙门大臣曾纪泽还在会见日本驻华公使盐田三郎时说，琉球问题尚未了结。已故京都大学名誉教授井上清认为，中日之间涉及琉球与中日贸易的谈判一直持续到1888年9月，因清政府不让步，日本停止了谈判。日本政府当年也认为琉球问题是一个尚待谈判解决的悬案。中国政府始终未承认日本吞并琉球为合法。如果没有甲午战争，琉球问题还将继续交涉。如果没有日本在二战中战败投降，琉球再议就议不出来了。因此，琉球再议，至少要接续19世纪80年代中日两国之间就琉球问题进行的谈判。这是琉球再议的第一层含义。

第二点，1943年美英中三国首脑开罗会议，美国总统罗斯福根据战后制裁日本以及日本领土只限于四岛的决定，根据历史上琉球与中国的关系，向蒋介石提出战后是否将琉球交给中国管理的意见，蒋答应可由中美两国共管。这个问题当时并未形成定论，未写进《开罗宣言》。琉球地位问题，是开罗会议留下的悬案。在冷战时期，美国改变了对琉球问题的看法，但美国没有就此与中国以及任何二战中的盟国商量过。今天可以在开罗会议、波茨坦会议机制上，由中美，或美英中俄四国之间加以讨论。

第三点，1952 年签订的《旧金山和约》，中华人民共和国外交部当时发表声明不承认这个条约。原因在于：作为对日作战的主要当事一方，中国政府未能获邀出席旧金山会议，未能参与《旧金山条约》的制定。即使按该条约规定，日本在放弃占领的领土之外，还同意美国对北纬29 度以南之西南群岛（包括琉球群岛）等岛屿送交联合国之信托统治制度提议。在此提案获得联合国通过之前，美国对上述地区、所属居民与所属海域得拥有实施行政、立法、司法之权利。但是，联合国成立后，并未就联合国委托美国管治琉球做过决定。因此，所谓联合国托管琉球问题也是一个悬案。1971 年，未经联合国讨论通过，美日之间私相授受签订交还冲绳协定，将琉球的治权交给日本，这是违反《开罗宣言》和《波茨坦公告》的，是违反《联合国宪章》的，也是违反《旧金山条约》的。因此，琉球再议，可以在联合国去讨论琉球地位问题。

即使不谈《旧金山条约》，单就 1972 年中日复交联合声明看，日本政府在联合声明中重申了"坚持遵循波茨坦公告第八条的立场"。波茨坦公告的第八条明示："开罗宣言之条件必将实施，而日本之主权必将限于本州、北海道、九州、四国及吾人所决定其他小岛之内。"这个立场也就是当年日本天皇接受投降的立场、日本签署投降条约的立场。波茨坦公告的签字国以后并未讨论过日本本州、北海道、九州、四国以外那些小岛属于日本。琉球恰在这些小岛之内。1971 年美日之间私相授受，没有得到苏联、中国的同意。从这个角度说，琉球地位问题依然是一个悬案。

第四，考虑到 1879 年日本吞并琉球是非法的，是违反国际法的，是违反琉球人民意愿的，又考虑到琉球作为日本的冲绳县时间较长，需要考虑琉球人民的意愿，可以在琉球人民中展开讨论，看看琉球人民究竟是愿意独立，还是有所归属？琉球人民的意见应该成为琉球再议的重要依据。如果琉球人民的意愿为成立独立国家，我们应该支持。如果琉球人民多数愿意成为日本的一个县，我们不能反对。如果琉球多数人民愿意归属中国，我们当然应该接受。现在，这三种意愿在琉球人民中都有反映，但未成为一个统一的意志。因此，琉球人民的意愿如何，也是一个悬案。

以上四种悬案，构成了我提出琉球再议的基本理由。现在孙晓光等青年学者从历史档案中找到了 32 份当年琉球救国请愿书，至少在历史根据上说明琉球人民成为独立国家的意愿是强烈的。如果这些历史文件在今日琉球人中能得到呼应，当能加重琉球人民意愿的权重。

孙晓光等青年学者组成的曲阜师范大学东亚海域研究团队正在朝着学术研究方向努力前行，希望研究团队的学术研究做出特色，产生影响。更希望研究团队在唯物史观的指导下，努力追索历史的本质，力图从宏观上把握历史规律，从微观上再现历史本来面目，更好地服务于中国特色的史学发展。这是学术界所期望的。

中国社会科学院学部委员 张海鹏

2018 年 7 月 23 日

目 录
CONTENTS

29 第四封请愿书：向德宏（紫巾官）呈送北洋大臣李鸿章的请愿书，请求派遣问罪之师帮助琉球复国，向德宏愿意充当征讨日本的先锋。

33 第五封请愿书：毛精长（前进贡正使）等人呈送总理衙门，陈述了琉球的惨状，请求速派问罪之师前往琉球的请愿书。

38 第六封请愿书：毛精长（前进贡正使）等人呈送礼部恩承徐桐等，陈述了琉球惨状，请求派遣问罪之师救援琉球的请愿书。

42 第七封请愿书：毛精长（前进贡正使）等人呈送总理衙门恭亲王奕䜣等，奏请琉球使臣暂缓返回福州，暂留北京的奏请的请愿书。

45 第八封请愿书毛精长（前进贡正使）等人呈送总理衙门恭亲王奕䜣等，奏请琉球使臣延期回福州的请愿书。

50 第九封请愿书：毛精长（前进贡正使）等人呈送总理衙门恭亲王奕䜣等，诉说怜悯琉球惨状，火速派兵救援的请愿书。

52 第十封请愿书：毛精长等（前进贡正使）等人呈送总理衙门恭亲王奕䜣等，乞求琉怜悯球惨状，火速派兵救援的请愿书。

55 第十一封请愿书：毛精长（前进贡正使）等人呈送总理衙门恭亲王奕䜣等，请求为救援琉球，请求与驻北京的日本公使谈判的请愿书。

116 第二十五封请愿书：向德宏（紫巾官）等人向督办福建军务左宗棠提交的请愿书，陈述了琉球列岛在战略上的重要性，请求向日本派遣远征军光复琉球国的请愿书。

121 第二十六封请愿书：向德宏等人向闽浙总督杨昌濬提交的请愿书，因中国有成功解救朝鲜、越南的先例，请求向琉球派遣援军，由亡命琉球人充当先锋的请愿书。

125 第二十七封请愿书：向龙光（陈情陪臣紫巾官）等人向督办福建军务的左宗棠，陈述琉球在日本统治下的惨状，鉴于中国妥善处理了朝鲜甲申政变，希望中国帮助琉球谋划解决琉球问题，如果日本不让步的话，请求中国派遣远征军竭尽全力帮助琉球复国的请愿书。

133 第二十八封请愿书：向德宏等（紫巾官）等人向清国全权大臣李鸿章呈送请愿书，陈述了琉球的惨状。鉴于朝鲜问题清朝再次派军队出手相救，所以请求将在越南对法军作战的军队派往琉球作战，帮助琉球复国的请愿书。

139 第二十九封请愿书：毛凤来等（紫巾官）等人将请愿书呈送总理衙门庆亲王奕劻等，中法战争已经结束，请求将在越南对法军作战的军队派往琉球作战，帮助琉球复国的请愿书。

绪　论

　　琉球，古称瀛洲，又名掖玖、邪久，或益救。[1]三国时称侏儒国，隋唐人称"琉求"，至明清以来，始称"琉球"。琉球在2000余年以前，不但在政治、文化、经济、思想、宗教、风俗习惯、器具等多传自中国。琉球在历史上，曾和台湾一起、被中国古文献称之为"琉球"，台湾西南部高雄市下面向南海的小岛还有"小琉球（琉球屿）"。中国历史文献也有时将中山琉球王国所在的琉球弧称为大琉球，而将台湾称为小琉球。日本史地文献中的琉球则包括今天归属鹿儿岛县的奄美大岛，即从兹南向一直到近于

---

[1]　宋漱石：琉球归属问题，中央文物供应社印行，中华民国四十三年四月出版，第3-4页。

台湾的岛屿，也就是所谓琉球弧的概念。[1] 琉球王国故土辖域之琉球群岛，在二战后被分割，奄美大岛为美国先期还予日本成为鹿儿岛县辖地。

琉球群岛领土位于西太平洋上，介于中国台湾岛与日本九州岛之间，与中国福建省隔海相望。主要由三部分组成，从北向南依次是大隅群岛（种子岛、屋久岛）、土噶喇群岛奄美群岛、冲绳群岛、先岛群岛（宫古群岛、八重山群岛）等岛屿构成。琉球王国在明清时期与中国中央王朝维持了 500 多年的宗藩关系，寻求宗主国给予安全上的保护，是琉球相当重要的需求。对琉球来说，近邻日本既是其主要的贸易对象之一，也是安全上最大的威胁。

鸦片战争前后，欧美列强以其坚船利炮敲开了东亚各国闭关锁国的大门，在东亚出现了权势的剧烈变动。1868 年明治维新政府改元"明治"，建立了立君主立宪为政体的新政府。新政府对内推行"殖产兴业"、"文明开化"、"富国强兵"政策，对外筹备对外扩张，同年 11 月 21 日，明治政府向琉球王国颁发诏书。1871 年(同治十年)9 月 13 日，

---

[1] 从地理概念上，琉球群岛的范围（亦即琉球中山国的范围）包括大隅诸岛、吐噶喇列岛、奄美诸岛（统称"萨南诸岛"，今属鹿儿岛县），冲绳诸岛、宫古列岛、八重山列岛、大东诸岛和先岛诸岛(统称"琉球诸岛"，今属冲绳县)。

日本与清朝之间签订了《中日修好条规》，签订条约的中方代表李鸿章，日方是日本大使伊达宗城。虽然这次签约基本上是一次平等条约，但它只是日本侵略中国，蚕食中国周边的一个幌子。

1871年明治政府开始实施"废藩置县"，日本已对琉球王国垂涎已久，只需等待入侵的时机。同年12月，台湾南部牡丹社附近发生的琉球船难民被误杀事件，为急于吞并琉球的明治政府提供了一个千载难逢的机会，日本以保护琉球人为借口开始了蓄谋已久的侵略。1872年5月30日，大藏大辅井上馨向政府（正院）提出建议："彼以往奉中国正朔，接受册封，我未匡正其携贰之罪，上下暧昧相蒙，以致数百年，甚为不妥。——现今百度维新，终究不可置之不理，宜一改以往暧昧之陋辙，采取措施，扩张皇国规模。——望速收其版籍，明确归我所辖，扶正制度，使之国郡制置、租税调贡等，悉与内地同轨，一视同仁，以至皇化洽浃。"[1]然而，左院不赞成井上的意见，认为因吞并琉球导致与清国发生争端"无益"，主张继续维持琉球的"两属"现状，取实际控制之实，对清则徒以虚名。事实上，最终明治政府宣布改变以往的日琉关系。

[1] 鹿岛和平研究所编《日本外交史3近邻诸国及领土问题》，1970年版，第289-290页。

　　1872 年，日本派副岛种臣为大使到中国，表面为同治帝亲政道贺，实际是想探听中国政府针对琉球处分案的真实态度。此时总理衙门主张多一事不如少一事，便以"杀人者皆属生，姑且置之化外，未便穷治"，企图不了了之。但日本却以此嗅到了清政府的软弱，并借这句话于 1874 年派西乡从道出征台湾。清政府得到消息后，派沈葆桢作为钦差大臣率舰队赴台湾巡阅，并派淮军前往台湾布防。后由英国公使讲和，赔偿日本 50 万两白银，并承认出兵台湾是"保民义举"，也因此将琉球轻易地交给了日本。清光绪五年（1879 年）琉球被日本完全占领侵占，改名冲绳县。

　　日本将"废藩置县"宣告国内外后，总理衙门的恭亲王奕䜣等则马上上奏："揣度中国现在之局势，跨海远征实觉力有不逮。"[1] 尽管如此，清国内部还是探讨了若干对策。前驻英公使郭嵩焘于 1879 年 4 月 13 日和 4 月 16 日致函李鸿章、总理衙门[2]，建议"召开包括日本、清国在内的国际会议，使其承认琉球之独立"[3]，指出"即使

---

[1] 王彦威等编：《清季外交史料》，文海出版社，卷 15，第 11-13 页。

[2] 《论日本废琉球》，《李全集》译署，卷 8，第 25—26 页；《致李傅相》，《养知书屋诗文集》卷 11，第 22-26 页。

[3] "中央研究院"近代史研究所藏《清季外交档》（琉球档）。

琉球有幸得以存续，废止朝贡已是不可挽回之势。倘若使琉球得以自立，由中国提议免除朝贡之制，可不伤国体"。[1]

在日本侵略、吞并琉球的过程中，琉球国曾派使臣到清朝求援。[2] 以琉球上层高官为代表的琉球请愿团悄然出发，开始了漫长的救国图存运动。请愿运动被当时的警察等取缔当局统称为"琉球复旧运动"，从事请愿运动的人

[1]《论日本废琉球》，《李全集》译署，卷8，第25—26页；《致李傅相》，《养知书屋诗文集》卷11，第22-26页。

[2] 关于琉球"救国请愿运动"的研究，主要有比屋根照夫：《脱清行的论理》《脱清派的历史位置》（《自由民权思想和冲绳》，研文出版，1982年）；我部政男：《脱冲渡清行动的展开》（《明治国家和冲绳》，三一书房，1979年）；西里喜行：《洋务派外交上亡命琉球人1、2》（《琉球大学教育学部纪要》第三、六、七集，1990年）、西里喜行：《琉球救国运动日本·清国》（《冲绳文化研究所》一三，法政大学冲绳文化研究所，1987年）、西里喜行：《琉球救国请愿书集成》（《冲绳研究资料》十三，法政大学冲绳文化研究所，1987）、西里喜行：《毛凤来的清国亡命事件及其相关》（第五届中琉历史关系学术会议论文集，福建教育出版社，1996年）；伊藤昭男：《琉球处分和琉球救国运动：以脱清人的活动为中心》（《蝦夷地和琉球》，吉传弘文馆，2001年）；赤岭守：《琉球复旧运动的考察》（《琉球·冲绳——历史上的日本史》，雄山阁出版，1987）、赤岭守：《脱清人与分岛问题》（《第三届中琉历史关系国际学术会议论文集》，中琉文化经济协会，1991年）、赤岭守：《清朝的对日琉球归属问题交涉与脱清人》（《清代中国的诸同题》，山川出版社，1995年）等论著构成。

被称为"脱清人"。[1]本研究主要对"脱清人"即请愿人向清廷提出的请愿书为分析对象，着重探讨琉球复国运动的发展历史及其复国运动的形态，及其对东亚国际关系的影响等方面内容。

琉球请愿复国运动，总体上虽一致以"复国"、"复君"为共同的方针，然而，围绕琉球国家构想，却不完全一致，一般认为，琉球救国请愿运动是对两属的王国体制的复国运动，事实上又不仅如此，救国请愿运动还有试图脱离日本之多重复杂的因素。再者，关于国家的领域，琉球救国请愿运动中有试图复原萨摩藩侵略以降的三府、二十八岛者，亦有复原萨摩藩入侵之前的三府、三十六岛之古王国时期，因此，在诉求上并不完全一致。[2]

另外，针对琉球救国请愿团体的请愿方式而言，除了

---

[1] 就"脱清"的字义而言，本来"脱清"的意思应该是"脱离清国"，也就是"脱离清国回归琉球"之义。但在明治政府取缔当局的记录上，"脱离清国"之意作了相反的使用，在字义上的确存在某些问题，然而"脱清人"之词语既已成为历史用语，一般依此将秘航者称为"脱清人"。另外需要强调的是"脱清人"并不单指从事琉球复旧运动者，也包含随行的"从仆"以及协助秘航的船员等。

[2] 请参阅张启雄主编《琉球认同与归属论争》，赤岭守：请愿书中"脱清人"的国家构想——以1879年至1885年的琉球复旧运动为中心，东北亚区域研究（会议论文集系列2），日创社文化设计有限公司，2001年版。第157-158页。

奔走于各府衙禀呈求援外，琉球陈情师团的林世功、蔡大鼎等人还长期跪于东华门外，伺大臣入朝时，痛哭求救。每逢朔、望，还前往正阳门内关帝庙上相祈祷国事。其用心不可谓不诚，其对国不可谓不忠。但是在北京苦苦乞求一年毫无结果。[1]悲愤至极的林世功终于决定以死达到"还我君王，复我国情"之目的。

1879 年 5 月 12 日，日本政府代表松田道之在琉球宣部日本对琉球国处置的意见，其要旨有以下九条[2]：禁止再向清国进贡；禁止再受清国册封；禁止再奉清国正朔，改奉日本正朔，并实行阳历；废止琉球原用刑法，该行日本刑法；废止原有官制，改依维新以后诸藩制度，确定琉球王为天皇之藩臣，琉球人为日本臣民；选派少壮十人左右，赴东京就学；废止福州琉球馆，对清国商业，悉归日本厦门领事管辖；令琉球王迅速赴东京谢恩；日本派遣镇台分营，驻屯琉球要地，琉球兵备为日本国防之一部分。

琉球王府答复松田，改制可以，但要以不妨碍中国为前提，并断然拒绝了日本政府提出的禁止琉球与中国通贡之事，答复曰："查进贡为我古来重典，自前明以来，抚我甚为优渥。每当国王缵统，不惮波涛险阻，遣钦差，

---

[1] 谢必震：《中国与琉球》，厦门大学出版社，1996 年版，第 302 页。
[2] 杨仲揆：《琉球古今谈》，台湾商务印书馆，1990 年版，第 75-76 页。

赐王爵，隔年进贡，则又赏赐彩巾物品不胜枚举。逮及清廷，更为优厚。其恩德情义，昊天罔极，何可背负，竟绝朝贡？……自建为国，有古来传习之礼乐、政刑及自由不羁之权利，上下雍睦，安居乐业，若离清国，则必失自由权利而召掣肘之累，国家岂可永保？父子之道既绝，累世之恩既忘，何以为人？何以为国？"[1]

在日本政府的强力施压下，琉球上层把希望完全寄托在东亚以封贡支配体系为基础的传统国际秩序（册封体制）的宗主国中国，并展开了以属国保护为诉求的救国请愿运动当中，他们相信只要中国秉持宗属支配的原理维持东亚册封体制，琉球便有复国的可能，于是不断第展开救国请愿运动，并不断地上呈请愿书。

虽然清政府虽最终没有出兵救援，但作为宗主国并没有承认日本的占领，提出抗议，并进行了外交交涉。清政府曾请美国前总统格兰特调停中日在琉球问题上的争端。格兰特在调停过程中，曾提出琉球三分方案，但没有取得成功。格兰特回国后，中日两国开始直接交涉。1880年10月，中日达成了分岛方案，其中，"琉球专条"规定：

---

[1] 谢必震：《中国与琉球》，厦门大学出版社，1996年版，第301页。

"冲绳岛以北归属日本，其宫古、八重山群岛归属中国。"[1]
双方约定签约后3个月内交换批准书，在实施分岛方案后，
两国开始着手修改《日清修好跳跃》谈判。后因中俄关系
缓解、国内主张派强力反对，及琉球国大臣林世功愤而自
杀殉国抗议，导致中国最终改变初衷，拒绝签署分岛草案，
最终不了了之，致使琉球问题悬而未决，清朝无力阻止日
本吞并琉球国。

事实上，清政府对于琉球的"归属"问题，态度是非
常明确的，证据也是十分充分的。自明代以来，就存在着
册封朝贡关系。日本人五代秀尧所著《琉球秘策》也在相
当程度上承认琉球是"唐土之属国"，建议在必要时可以
视其为"异国"而置于幕藩体制之外。清末外交家、政治家、
思想家和诗人黄遵宪，是首任驻日参赞，并著有长篇叙事
诗《琉求歌》[2]（参见附录），对因明治政府"废藩置县"

[1] 村田忠禧，韦和平等译：《从历史档案看钓鱼岛问题》，社会科学
文献出版社，2013年版，第139页。
[2] 众所周知，黄遵宪的长篇叙事诗《琉球歌》被收录于其代表诗集《人
境庐诗草》中，但《琉求歌》的创作年代却不十分明确。钱仲联对《琉
求歌》的创作年代作过推测："根据梁启超《饮冰室诗话》记载，此诗
创作与庚辰年（1880年），但在黄遵宪的诗集精选中却没有这首诗，可
以推断这首诗不是庚辰年间的作品，而是此后补录的"。然而，不管怎样，
这首诗是黄遵宪在日本期间与马兼才相遇之后有感而发的作品，这一点
应该没有问题。

而成为亡国之民的琉球人寄予无限同情。黄遵宪采用了假借马兼才的立场描述琉球历史和现状的手法，展示了自己对琉球的基本认识。不难看出，黄遵宪较为准确地把握了琉球历史的基本状况，试图客观地理解琉球在东亚所处的地位；客观地测定了日琉关系史和中琉关系史之间的比重（两属关系），重视日本对琉球历史方向的影响，准确地把握了琉球与日清两属这一历史事实；对陷入两属困境的琉球表示了无限的同情，以怜悯的目光注视着"废藩置县"后沦为亡国奴的琉球国民，但是，却没有迹象表明黄遵宪曾经积极地向本国人呼吁过拯救琉球，而只是冷静地关注形势的发展而已。[1]

　　日本之所以敢于吞并琉球，一方面固然因为当时中国海军不及日本，李鸿章觉得出兵没有必胜的把握；另外一个原因是中国当时新勘定新疆，以及伊犁边务与俄罗斯剧争改约，筹战方急，没有时间和精力兼顾琉球。日本又得陇望属，把贪婪的目光投向了中国固有领土钓鱼岛及其附属岛屿。1884 年，移居冲绳的日本福冈县人古贺辰四郎开始在钓鱼岛采集信天翁的羽毛和海产品，称该岛为"无人"岛，因此而提出"开发"的申请报告。"冲绳县"向

---

[1] 西里喜行著、胡连成等译：清末中琉日关系史研究，社会科学文献出版社，2010 年版，第 517-518 页。

日本内阁提交呈文并得到允许后，于 1885 年这个节点派出"出云丸"号船只秘密前往钓鱼岛调查，得出其为"无人岛"的初步结论，并企图建立标桩。不难看出，琉球问题与钓鱼岛问题存在着密切的联系，应予以高度关注。

此后，中日两国虽然经过多次谈判，清廷一直以保存琉球国为目标，表面上"球案"久拖不决，实际上，日本早已将琉球收入囊中，并按照日本的意志在琉球国施政。随后，琉球群岛进入了冲绳县政时期，在由日本其他县委派而来的县令主导下，一方面施行"旧惯温存"，一方面倡导民族虚无主义的"历史湮灭策"，进而推行"皇民化"教育。其结果，是冲绳县民进一步"被日本化"，导致了二战末期，大量的冲绳县民盲目参加"冲绳战"为"国"牺牲的惨剧发生。

然而，时至今日，冲绳民众仍然对中国抱有好感。2006 年，美国驻那霸总领事托马斯·赖克认为，冲绳人之所以不惧怕中国，是因为两国有历史渊源，而且两者都曾遭到日本的侵略，有共同的历史背景。同年 4 月 26 日，他签发的一份电文称："冲绳人宣称，他们并不像美国和日本那样感到中国的威胁"。[1] 还援引了 2006 年 3 月冲绳

---

[1] 张崇根：万国津梁：大历史中的琉球，世界知识出版社，2015 年版，第 243 页。

人士东门美津子的话："日本政府和美国政府就像是高喊狼来了的小孩，指着中国说，一些可怕的事情就要发生了，但这样的事情从来就没有发生过。冲绳人从来没有受到中国入侵的干扰。较之中国，日本和美国倒是对冲绳人造成了更大的伤害。"[1]

---

[1] 张崇根：万国津梁：大历史中的琉球，世界知识出版社，2015 年版，第 243 页。

第一封

请愿书主题：

琉球国王尚泰派人呈送福建等处宣布政司的请愿书，指出日本禁止琉球向中国派遣接贡船，并禀报向中国派出救国陈情史向德宏到中国进行请愿的咨文。光绪二年十月十五日。

请愿书校注：

琉球国中山王尚，为咨覆事。光绪二年六月二十五日，准贵司咨称接贡船只，历系每年九、十月间到闽。上年，因接贡之船来到先后，据福防厅具秉节经详请，分别咨查，迄今探无消息。所有京回使臣，以及存留各官伴，无从遣发回国。诚恐前项船只在洋遭风，漂收他口；抑或在国阻风，并未开驶来闽。复经由司详请咨查，并令福防厅查议去后。兹据署福防同知洪亮采议，详查上年琉球国接贡船，上例应付搭恭进光绪元年分贺庆皇上登极贡典，并进穆宗毅皇帝香品，该船至今未到，请将京回存留跟伴内拨出三名，附搭漂风难人慎氏谢花、蔡德滋、西铭筑登之等船上先行回国。其余各官伴人等，应俟接贡船只来闽，再行回国。所有应领廪、蔬、盐、菜、口粮米，折应请防厅议详前情，自应如详办理，所有遭风难人慎氏谢氏春花、蔡德滋等两船，均应照例勘估，给资休整完固，方能遣发放洋。其西铭筑登之等一船，据该厅讯，据存留通事陈天福供称，此号琉球船，船身坚固，无庸修葺，堪以贺驶回国。所有应给各官伴蔬、薪、盐、菜、口粮米，折照例支给领，以及遭风损坏船只，应行给资修固，以便乘（日乬）放洋，而示怀柔。惟查该国接贡船只，有关恭迎皇上敕书钦赐物件，并接京回使臣及存留各官伴回国，迄将一载，探无音耗。自应移咨查覆办理，以昭妥慎。除详请两院宪、咨明大部查照，并请分咨山东。江苏·浙江·直隶·广东督抚宪，一体确认探查覆外，合就移咨，为此备咨查覆办理。望切施行等因。准此，诚是宪德周详，而感激无地者也。但查敝国上年六月初八日，倭使到国确杜。嗣后，举行进贡天朝、庆贺登极、请封王爵等典。本爵意谓，敝国世列天朝屏藩，历修贡职、代受王爵，叠蒙鸿恩，有加无已。历经百年之久。乃听倭令，今敢自臣身首先绝贡，上而孤恩负义，不协臣子之道，下而悖志坠业、以遗先人之羞，有何面目以立于天地之间哉？随令官吏细加商议，备由请辞，不肯听从。业于客岁八月十二日，遣法司官毛有斐；本年三月十九日，遣紫巾官向邦栋，先后赴倭国，再三请辞，不得听从。本年六月初六日，又日本不晓所留琉使直传文书，于敝国内云杜绝进贡一款，系日本国体国权，虽是琉球固辞，绝不听从等由。随即又复遣法官毛凤来，协同留倭毛有斐等，频行请辞，仍未听从。由是客岁即不得遣拨接贡船只，恭迎天朝敕书并接京回使臣，复不得庆贺皇上登极奉进、先皇香品，诚恐失忠顺于天朝，本爵虽欲遣使臣告情，并无计之可施，日夕焦思、寝食俱废，幸缘贵司照料周详，行咨探问，遂将行其咨覆之处报之倭国，方得告情之便。为此特遣陪臣紫巾官向德宏、都通事蔡大鼎、通事林州功等，细备情状，投请都抚两院，奏请圣献，百般照料、理合咨覆，为此备咨贵司，请烦查照施行，须至咨者，右咨福建等处承宣布政司。

　　　　光绪二年十月十五日（1876 年 11 月 30 日）

　　文献来源：松田编《琉球处分》171-172 页及《冲绳县史15》40-43 页。

请愿书分析：

1872 年 9 月，琉球王国正使伊江王子尚健、宜野湾亲方、向有恒等人抵达东京，为明治天皇亲政道贺。而日本政府却趁机忽然向尚健等人宣布削琉球王国国号，改设"琉球藩"，将琉球国王尚泰册封了藩王，列入"华族"，并拒绝承认琉球与中国的宗主关系，禁止琉球王国再到中国朝贡。而琉球王国并不愿就此断绝与中国的朝贡关系，此时的清廷消息十分闭塞，对日本觊觎琉球的举动并未察觉。1875 年 1 月同治帝去世，光绪帝即位。作为大清国的藩属国琉球国需派庆贺使朝贺。但在 5 月份，日本内务省内务卿大保久利通强硬下令停止琉球国庆贺使前往大清国，"自明治五年琉球藩接受日本册封以来，琉球的模糊两属性始终是日本心头大患，但随着日本收回琉球的外交权，吞并琉球都变得明朗了"。1875 年 7 月 10 日，日本政府派松田道之到琉球传达训令，要求琉球停止对清朝的进贡，停止接受清朝的册封，同时要求使用明治年号，并进行藩政改革等。而 1874 年已派出的进贡使还在大清，结果导致琉球迎接进贡使的接贡船无法派遣至大清。按照惯例琉球的接贡船应该在 1875 年到达福州，却不见接贡船到来。对此感到奇怪的福建布政司向琉球发出了探问性的咨文，此封请愿书就是对此事的回答。

　　此时，虽然琉球方面极力谋求继续维持进贡、册封关系，但伴随着东京方面对琉球处分部署的逐步推进，这些请求活动已经走到了尽头。1876 年（明治九年）12 月，在琉球领导琉球救国运动的三司官浦添朝昭委托向德宏（和名幸地亲方朝常）等人将这份咨文秘密发往福州。向德宏等人的船只由于受到恶劣天气影响，于第二年（1877 年）4 月到达福州，将这份咨文提交给了福州相关部门，告知日本要吞并琉球，琉球境内形势危急，请求大清救援琉球。这样中国国内对琉球问题开始关注。

　　这份咨文不久被明治政府侦察得知，负责琉球处分的官员松田道之所编《琉球处分》第二册中记录了"据在琉球内务省出张所质询所知，幸地亲方偷偷偏离航线，向清国福建布政司提交了书信"的词条。另外，这个词条在《琉球所属问题》[1] 中也有收录，后者附有相关译文的要点。这两个记录虽有若干语句差异，这里选择了语义更容易说通的部分。

──────────

[1] 冲绳县教育委员会编：《冲绳县史》卷 15，杂纂二，1966 年，第 40—43 页。

第二封

请愿书主题：

毛凤来、马兼才（法司官）等人向荷兰、法国、大清国等国驻日公使游说，鉴于明治政府在禁止进贡、册封上处置的不合理性，希望劝告明治政府撤回对琉球不当处置的请愿书。光绪四年九月十日。

请愿书校注：

具秉。琉球国法司官（毛凤来、马兼才）等，为小国危急，切请有约大国俯赐怜鉴事。窃琉球小国，自明洪武五年（即一千三百七十二年）入贡中国，永乐二年（即一千三百九十九年）我前王武宁受明册封为中山王，相承至今，向列外藩，遵用中国年号、历朔、文字，惟国内政令，许其自治。大清以来，定例进贡土物，二年一次。逢大清国大皇帝登极，专遣陪臣，行庆贺之礼。敝国国王嗣位，请膺封典。大清国大皇帝遣使册封嗣王为中山王。

又时召陪臣子弟入北京国子监读书，遇有漂船遭风难民，大清国各省督抚皆优加抚恤、给粮修船，妥遣回国。自列中国外藩以来，至今五百余年不改。前咸丰九年（即一千八百五十九年，日本安政六年），大荷兰国钦奉全权公使大臣加白良来小国互市，曾蒙计立条约七款，条约中即用汉文及大清国年号，谅贵公使有案可以查考。大合众国、大法兰西国亦曾与敝国立约。其在日本，即旧与萨摩藩往来。同治十一年（即一千八百七十二年，日本明治五年），日本即废萨摩藩，逼令敝国改隶东京，册封我国主为藩王，列入华族事，与外务省交涉。同治十二年（即一千八百七十三年，日本明治六年），日本勒将敝国与大荷兰国、大合众国、大佛兰西国所立条约原书，送交外务省。同治十三年九月（即一千八百七十四年，日本明治七年），又强以琉球事务改附内务省。至光绪元年（即一千八百七十五年，日本明治八年），日本国太政官告琉球国曰：自今琉球进贡清国及受清国册封，即行停止。又曰：藩中宜用明治年号及日本律法，藩中职官宜行改革。敝国屡次上书，遣使泣求日本。无如国小力弱，日本决不允许。切念敝国虽小，自为一国，遵用大清国年号。大清国天恩高厚，许其自治，今日日本国乃逼令改革，查敝国与大荷兰国立约，系用大清国年号、文字，今若大清国奉贡之事

19

不能照旧攀行，则前约几同废纸。小国无以自存，即恐得罪大国，且无以对大清国。寔（同实，著者注）深惶恐。小国弹丸之地，当时大荷兰国不行拒弃。待为列国，允与立约，至今感荷厚情。今事处危急，惟有仰仗大国，劝谕日本，使琉球国一切照旧。阖国臣民戴德无极。除别备文禀求大清国钦差大臣及大法兰西国全权公使外，相应具禀，求请恩准施行。光绪四年九月十日。（1878 年 10 月 11 日）

文献来源：《日本外交文书》，明治年间追加第一册，第 227-229 页。

请愿书分析：

1876 年日本政府对琉球王国派往中国的朝贡船百般阻挠，同年 12 月琉球王国派紫金官向德宏等人乘船出海，以在海上遇见暴风为由避开日本人监视。1877 年 4 月 12 日，他们到达福建，面见闽浙总督和璟、福建巡抚丁日昌，面呈琉球国王尚泰的请愿书。而毛有斐（池城亲方安规）因帮助向德宏（幸地亲方）等人秘密到达福州而受到明治政府处分，1877 年（明治十年）在东京的琉球藩邸郁郁而终。之后，在东京的琉球救国运动主要成员变为毛凤来和马兼才。他们拜访了正好来日本的清国第一任驻日公使何如璋，探问琉球救国的方略。何如璋认识到琉球问题的重要性，就建议他们可以通过与明治政府外交谈判，牵制"琉球处分"的进一步发展，同时向欧美各国的驻日公使提交请愿书，使琉球问题成为国际关注问题。

毛、向两人在 1878 年 9、10 月份左右提交了请愿书（二）。据琉球处分官松田道之对马兼才的审问中记载，"去年（1878 年）9、10 月份，我们向法、美、荷提交了请愿书。毛凤来和我进入清国公使馆，与公使面谈。在商讨过程中公使拿出了伊地知贞所著的冲绳志，证明琉球与法、美、荷各国签订过条约。并说这些缔约国是可以倚赖的，请据此妥善处理。"[1] 关于请愿书到底提交给了哪些国家的公使众说纷纭，说法并不一致，但在松田道之编《琉球处分》第二册有关"在东京琉球藩吏私禀在日本外交公使书"的记载。[2] 竹越与三郎著《新日本史（上）》也进行了全文记录。[3] 另外，1879 年 1 约 28 日（光绪五年一月七日）

---

[1] 下村富士男编：《明治文化资料丛书》第 4 卷，外交篇，风间书房，1962 年，第 275 页。

[2] 同上，第 179 页。松田道之（1938 年 6 月 22 日 -1882 年 7 月 6 日），日本内务官僚，曾经担任大津县令、滋贺县令、东京府知事等职务，在琉球处分中发挥了巨大作用。1879 年编著了《琉球处分》一书。

[3] 松岛荣一编：《明治史论集》（1），東京：筑摩書房，1965 年，第 60—61 页。

的上海申报登载了题为《琉球法司官上荷兰公使加白良禀》
的全文报道。《日本外交文书》也收录了译文的相关要点。[1]

现在比较明确的是给荷兰公使提交了请愿书，虽然其
他国家的公使有没有收到请愿书还不明确，但内容应该几
乎相同。这里收录的给荷兰公使的请愿书就是上述各书中
登载的原文经过校订之后的文献资料。

---

[1] 外務省編纂：《日本外交文書デジタルアーカイブ》，明治年間追
補第 1 冊，外務省外交史料館蔵，第 227—229 頁。

第三封

请愿书主题：

向德宏（紫巾官）呈送北洋大臣李鸿章的请愿书，陈述了琉球被日本吞并的惨状，请求中国速派问罪之师救援琉球。光绪五年五月十四日

请愿书校注：

具秉。琉球国陈情孤臣，紫巾官、国戚向德宏为泣血呼天、立救国难事。窃照本年闰三月，有漂风难民来闽，据称敝国业于本月间被日本灭亡。闻信之下，心神迷乱，手足无措。业经泣血具禀闽省各大宪在案。尔时，即欲躬赴宪辕，叩恳救难。但恐事益彰露，转速非常之祸。乃著蔡大鼎等，现行北上，密陈苦情。当蒙中堂恩准，速为函至总理衙门定夺，并承道宪郑传示训词，宏等感激涕零，焚香碰头。讵于四月十七日，倭回闽商交到敝国王子密函，内云：业于本月初三日，有日本内务大书记官松田道之，

率领官员数十名、兵丁数百名到琉，咆哮发怒，备责国主
何以修贡天朝等事；又不从日谕，乃敢吁请天朝劝释，如
此行径，甚属悖逆，应即废藩为县。现虽合国君臣士庶，
誓不甘心屈服，而柔弱小邦，素无武备，被其兵威胁制，
国主万不得已，退出城外。举国惊骇。松田又限定日期，
欲敝国主赴日候令。当有官民人等，再三哀请，敝国主染
病卧休，乞免赴日。松田不允。世子欲延缓日期，以待天
朝拯救，已于闰三月间前抵日京，具禀日国政府，号泣哀
恳，暂缓敝国主赴日之期。该政府不允所请。敝世子拟即
禀明钦差大臣，而日人查禁甚严，不能通达消息。不得已
托闽商带回密函，饬宏迅速北上，沥血呼天，万勿刻缓。
如不能收复，惟有绝食而死，不能辱国负君。泪随笔下，
宏泣读之余，肝胆几裂，痛不欲生。溯查敝国，自前明洪
武五年隶入版图，自天朝定鼎之初，首先孝顺，纳款输诚，
垒蒙圣世怀柔，有加无已。恪遵大清会典，间岁一贡，罔
敢愆期。下意，光绪元年，日本禁阻进贡，又阻庆贺皇上
登极各大典，当即具备情由，百般恳请，该日本不肯允准，
敝国主特遣宏等捧咨，赴闽陈明，荷蒙福建督抚列宪具奏，
亲奉上谕："著总理各国事务衙门即传示出使日本大臣，
相机妥筹办理，钦此。"钦遵在案，嗣于钦差大臣抵任之
日，敝国驻日法司官等屡次沥秉恳求，设法，节蒙钦差大

臣与日本外务省剀切理论，冀可劝释。讵料日人悍然不顾，竟敢大肆凶威，责灭数百年藩臣之祀。主忧臣辱，主辱臣死。宏等有何面目复立于天地之间？生不愿为日国属人，死不愿为日国属鬼，虽糜身碎首，亦所不辞。在闽日久，千思万想，与其旷日持久，坐待灭亡，曷若薙发改装早日北上？与其含垢忍辱，在琉偷生，不如呼天上京，善道守死。合国臣民及商人乡农，雪片信至，催宏上道，效楚国申包胥之痛苦，为安南裴伯耆之号。求用敢不避斧钺，来津呼泣。伏维中堂威惠波于天下，海岛小那，久已奉若神明，必能体天子抚绥之德，救敝国倾覆之危。吁请据情密奏，速赐拯援之策；立兴问罪之师，不特上自国主、下及臣民，世世生生。永戴皇恩宪德于无既。即日本欺悖之志，亦不敢复萌；暹罗、朝鲜、越南、台湾、琼州亦可皇图永固矣。再此番北上情节，应先禀明闽省各大宪，再行启程。只恐枉须时日，缓不济急，故敢星夜奔驰，径趋相府。犯法之罪，谅不容辞，宏等在上海，闻得日本之党密防敝国来华请救，欲必拿捉宏等。为此，薙发更服，延邀通事等同伴以作贸易赴京，然谣多言杂，心怯神迷，且风土不悉，钦食艰难，可否恩赐保护怜察，或可有人照料，以全孤臣。临词苦哭，稽颡延颈待命之至。须至禀者：

琉球国紫巾官向德宏初次禀稿（光绪五年五月十四日

附）（1879 年 7 月 3 日）

文献来源：《李文忠公全集》译书函稿九卷，第 19-22 页。

请愿书分析：

1877 年（光绪三年）向德宏等人携带琉球国王密函到达福州，提交请愿书，乞求清政府出面干涉日本对琉球王国的吞并。之后两年，日清两国在琉球问题方面的外交问题浮出水面。围绕琉球两国的对立日渐尖锐。1879 年 3 月，明治政府抢占先机开始了"琉球处分"，琉球王国遭日本吞并。正在福州的向德宏通过佯装漂流的琉球密航船才得到了确切的讯息，乘船人是那霸久米村士族的湖城以正。[1] 福建商人也从日本东京带回了琉球国世子尚典的密函，里面有琉球处分的详细内容。

之前在中国请求支援的琉球官员面对亡国的危局，加紧活动。根据这份请愿书研判，向德宏在得到琉球处分的第一份情报后，马上派蔡大鼎赴北京陈述琉球王国被日本吞并之惨状，并请求支援。接着 1879 年 6 月 6 日（光绪五年四月十七日）接到尚典的密函后亲自北上。向德宏等人

---

[1] 冲绳县教育委员会编：《冲绳县史》卷 13，1966 年，第 276 页。

为掩人耳目，乔装北上去天津找李鸿章。哭诉琉球形势，乞求清廷派遣问罪之师，赶走日本侵略者，请愿书（三）描述的就是这段时期的事情，向德宏有感于国家危亡，在请愿书中悲痛欲绝："生不愿为日国属人，死不愿为日国属鬼"。可见当时向德宏等人乞求清廷救援之急切。

在记载北上请愿的时间上蔡大鼎与向德宏有一些偏差。依据蔡大鼎的《北上杂记》记载，蔡大鼎与毛精长、林世功等人与向德宏北上时间相比晚了三个多月，即当年的八月十四日（9月29日）。如果向德宏的这份请愿书所陈述的是事实，蔡大鼎在同一年中北上过两次。蔡大鼎在第二次北上过程中，在同年八月二十七日（10月12日）途经天津，和已经开展请愿运动的向德宏会面。这时向德宏等人寄居大王庙，向直隶总督兼北洋大臣李鸿章反复请求救援琉球，对李鸿章产生了很大影响。《李文忠公全集》译署函稿九也收录了这份请愿书。由王芸生编著，日本人长野勳等译《日中外交六十年史》[1]中收录了这份请愿书的日语译文，但有几处误读的地方，理应引起关注。

---

[1] 参阅王芸生编，长野勳等译《日支外交六十年史》第一卷，建设社，1933-1936 年，第 184—185 页。中文版本参阅王芸生编著：《六十年来中国与日本》第一卷，生活·读书·信纸三联书店，1979 年，第 164-166 页。此书的由来也有一段历史：1931 年九一八事变以后，《大公报》决定开辟一个专栏，记载自 1871 年中日两国签订《中日修好条规》至 1931 年九一八事变的中日关系史料，帮助读者了解"九一八"之祸的由来。栏目名称定为"六十年来中国与日本"，王芸生接受任务后从 1931 年 9 月开始搜集材料、边写作、边发表，在读者中引起了强烈反响。此书流传到日本，日本学术界迅即组织专家翻译此书。从 1933 年 3 月开始，由末广重雄监修、波多野乾一和长野勳合译，龙溪书店陆续出版。日译本的书名为《日支外交六十年史》。关于此书由来的详细细节，可参阅"中国网"《＜六十年来中国与日本＞的出版前后》一文，http://www.china.com.cn/chinese/zhuanti/202108.htm。登录时间：2018 年 1 月 28 日。

第四封

请愿书主题：

向德宏（紫巾官）呈送北洋大臣李鸿章的请愿书，请求派遣问罪之师帮助琉球复国，向德宏愿意充当征讨日本的先锋。光绪五年六月初五日

请愿书校注：

具禀。琉球国陈情孤臣，紫巾官、国戚向德宏为感泣渎，禀求解倒悬事。窃宏于五月十四日冒叩相府，泣恳救难，经蒙宪谕，准为办理。复荷宪恩体恤，怜念孤臣，格外裕全，饬为安插善地，常加存问。美领事又敬传恩谕，下情感激，行于梦寐。惟敝国自光绪元年间，惨遭日本阻贡，敝国主命宏齎咨赴闽，陈明国难，禀请督抚列宪大人，据情具奏，复饬宏即日进京匍吁，当于光绪三年五月十四日奉到上谕："著何、丁饬令统行回国，毋庸在闽守候。将此由四百里谕令知之。钦此"。以致宏不能陈情北上，请旨定夺；又

29

不能早叩相府，预请设法办理。虚延岁月，致日本无所顾
畏，大肆凭陵，派官派兵前来敝国，将敝国主驱出城外，
将敝世子拥去。国危君辱，皆宏不能仰副敝国主进京葡叩
之命所致。回忆宏齎咨赴闽时，敝国主临行泣谕。何尝倒
悬望解之情，惨迫急切，宏乃稽闽日久，迄无成事，误国
误君，已属死有余罪。近承美领事交阅西报中有敝"国主
被迫赴日京，革去王号、给予华族从三品职，著令归国；
敝世子留质日京"等语。伏思敝国主忍辱至此，无非以敝
国素无武备，难于抗拒，故暂屈辱其身，上以延敝国一线
之命脉，下以全敝国百姓之生灵。断非甘心容忍，屈从倭
令。其所以殷殷属望于宏，冀能吁请天朝拯救，知犹是饬
宏齎咨赴闽时，恸哭望援之心也。倘宏仍复需时旷日，坐
失事机，敝国主卧薪尝胆，宏乃苟活偷安，真为罪上加罪。
为此不揣冒昧，再行稽首相府。前月中堂据情密奏之后，
大皇帝允否兴师问罪；日人在敝国者，如何驱逐；世子可
否召入内都，详查被难之苦情；泣求恩示端倪，如得兴师
问罪，即以敝国为乡导。宏愿充先锋，使日本不敢逞其凶
顽。宏于日国地图、言语、文字诸颇详悉，甘愿效力军前，
以泄不共戴天之愤。或颁兵敝国，堵御日本，如前明洪武
七年间，命臣吴桢率沿海兵至琉球防守故事，使日本不敢
萌其窥伺，敝国官民仰仗天朝兵威，必能协力齐心，尽逐

日兵出境，自无不克者。愚瞽之见，是否有当，统恳立赐裁决施行，则敝国上自国、下及臣民，世世生生，永沐皇恩宪德于无既矣！临词苦哭，惶恐待命之至。须至禀者。

琉球国紫巾官向德宏二次禀稿（光绪五年六月初五日附）（1879 年 7 月 23 日）

文献来源：《李文忠公全集》译书函稿九卷，第 22-23 页。

请愿书分析：

光绪五年五月十四日（1879 年 6 月 21 日）他们提交了请愿书（三），同年六月五日（7 月 23 日），向德宏再次向李鸿章提交了请愿书，即请愿书（四）。在这份请愿书里特别强调了派遣问罪之师的必要性及琉球方面可以协作作战。向德宏还详细阐述了日本的地理、语言、文字，并说如果派来问罪之师的话，自己将负责做问罪之师的先锋。

向德宏在 1875 年到 1876 年之间大约一年时间，在东京与毛有斐等人一起持续向明治政府陈情、请愿，对日本的情况有很详细的了解。李鸿章通过精通日本情况的向德宏不但得到了很多情报，而且围绕琉球问题与明治政府的交涉方面也让向德宏发挥了巨大作用。比如为反驳明治政府外务卿寺岛宗则给清国政府的公文，李鸿章让向德宏根据公文制作反驳的资料。为此向德宏准备了大量反驳寺岛宗则公文的资料。《李文忠公全集》译署函稿九收录的《向德宏登覆寺岛来文节略》就是所说的这些例证。

向德宏通过与李鸿章的接触，不但对日清两国围绕琉球问题的外交交涉方面收集到有价值的情报，而且正如请愿书（四）所指出的那样，也从美国驻清国公使那里得到了情报。这一点对于考察琉球分岛问题的原委极为重要。虽然向德宏连续提交了（三）（四）两份请愿书，并在李鸿章寓所之外苦苦等待，但他的乞求依然没有结果。

在废藩置县的强制执行之下，王府首脑之在藩政体制下维持国体、政体的诉求及两属制之王国复旧皆沦为不可能实现的事态，因此，请愿书中意欲与日本完全脱离，表达了其在进贡册封体制下受宗主国中国的庇护而复国的国家构想。[1] 在向德宏北上后，又有尚弼（王弟）所派之向廷槐等及其他脱清人秘密到来，逐一报告置县处分后的琉球形势，同年 9 月 29 日，毛精长、蔡大鼎、林世功等人率同中国通事谢维垣北上。[2]

---

[1] 赤岭守：琉球归属问题交涉与脱清人，第九届中琉历史关系国际学术会议论文集，海洋出版社，2005 年版，第 336 页。

[2] 蔡大鼎：《北上杂记》（钦思堂收藏版，光绪十年刊）。冲绳县立图书馆东恩纳宽文库收藏之《福州琉球馆藏北京投禀抄》。

第五封

请愿书主题：

毛精长（前进贡正使）等人呈送总理衙门，陈述了琉球的惨状，请求速派问罪之师前往琉球的请愿书。光绪五年九月初八日

请愿书校注：

此禀投递总署

陈情都通事 蔡大鼎

琉球国前进贡京回正使耳目官 毛精长谨

陈情通事 林世功

禀。为国灭主执，民不聊生，号恳据情奏请天恩迅赐救存，以复贡典事。窃敝国正遭日本阻贡，以致协执国主，种种凌虐，叠经禀明闽省督抚大宪，吁请奏闻各在案。理宜恭候天朝办理，何敢冒渎？缘八月初五、初七等日，据敝国官吏向好问、金德辉、杨逢

春等来闽报称，先后奉王子弟尚弼命，饰为漂风抵闽之状，再行告急。敝国惨遭日本侵灭，竟将国主、世子执付该国，屡次哀请回国，不肯允许。乃谓现与中国互相葛藤，应俟大局已结，饬行复国。本年五月，王弟尚弼等，业经特饬向廷槐等抵闽、请救，举国昕夕，实深聆望。讵意日人于六月十四日，率领巡查兵役突入世子宫，先将各门紧守，迫索历朝颁赐诏敕。此乃小邦镇国之宝，虔诚供奉，岂敢轻以示人？当即再三恳说，日人不听。各官与之据礼争论，日人大怒，立召巡查数十名，毒打各官，直行胁去。至天朝钦此御书、匾额、宝印，亦恐被其掠夺，百方谨护，忧虑滋深。又近日，上自法司等官，下至绅耆士庶外，而属岛监守官、笔帖式暨其头目土役人等，多被倭人劫至各处衙署，严行拷审，或有固执忠义，自刭而死者。又将诸署所有簿册，暨仓库所藏钱粮一概胁取。且驰赴诸郡，迫以投纳赋税，即行严责，复将所积米谷，擅行封去。除此之外，首里、久米、那霸各府，被其蹧躂者，指不胜屈。又本年六七月间，有疫病流行，该日在那霸地方假设医局，托为疗疾，强将染病之人带去，莫知踪迹。或有割胸取肝。呜呼！日人封豕长蛇，既吞国执主，复囚官害民，苛责掠夺，无所不至。

非仰仗圣天子之声灵，迅赐救援，别无筹策，各等语。长等一闻之下，肝胆崩裂，相共饮泣。业已具禀，哀恳闽省大宪据情陈奏，迅赐救难。伏念敝国累世相承，上膺册封，久备外藩。自国主以迄臣民，罔非天朝赤字。今遭倭人荼毒，竟致主辱国亡。长等误国之罪，万死犹轻。为此薙发改装，附舟北上，长跪哀嚎，泣血吁请。伏乞总理诸位大人，俯怜二百年来孝顺属藩，被倭凌虐待孔亟，恩准据情奏请皇上，宣扬天威，迅赐救存以复贡典。则阖国感戴皇恩宪德，实无涯涘之至。再，此番进京，应先禀明闽省大宪，仰候允准，而后启行。只因事在急迫，救主情切，是以不揣冒昧，沥情迳禀。犯法之罪，所不敢辞，惟求恩全，不胜激（切惶）恐之至。谨禀。光绪五年九月初八日（1879年10月22日）

文献来源：冲绳县立图书馆东恩纳宽惇文库藏《福州琉球馆藏北京投禀抄》。

请愿书分析：

毛精长是最后一任进贡使。完成使命回到福州的时间是1876年。原本这一年可以等待进贡船到达福州后返回琉球。但向德宏等人的福州密航，得知不可能再有进贡船到来，就留在福州与向德宏等人一起参与救国图存运动。

1879 年 9 月 29 日（光绪五年八月十四日），不断传来"琉球处分"的消息，毛精长带领蔡大鼎、林世功北上，二十日后在同年 10 月 19 日到达北京，23 日他们将请愿书呈交给负责总理衙门的恭亲王奕䜣、请愿书依然是记录日本吞并琉球王国后的惨状，请求清廷支援。24 日，他们又将内容相同的请愿书呈交给礼部。对于这段时期的请愿经过，在蔡大鼎的《北上杂记》中《由闽北上实录》中有详细陈述。

为了呼应在天津的向德宏向李鸿章提起的请愿运动，毛精长等人在到北京的一年多的时间里，反复奔走总理衙门、礼部等，提交请愿书十多次，请愿书（五）是第一份请愿书。通过这份请愿书可以发现他们已经对"琉球处分"的情况有了相当的把握。例如，官吏、士兵冲入世子宫（中城御殿），并对多数的琉球士族进行逮捕和拷问。当时霍乱肆虐冲绳县，当局就以处置霍乱为借口镇压反对派，虽稍有夸张成分，但的确从琉球传出了情报，反映了琉球国的现实状况。

这份请愿书（五）没有请求清国政府具体采取什么行

动，只是将"琉球处分"的事情传达给了清政府。总理衙门受理了这份请愿书，在东恩纳宽惇在福州的琉球馆书写的《北京投禀抄》中也全文收录了。[1]

[1] 此外，这份请愿书还收录在王芸生编，长野勳等译《日支外交六十年史》第一卷，建設社，1933-1936 年，第 189—191 页中，只是个别字句上有差异。

第六封

请愿书主题：

毛精长（前进贡正使）等人呈送礼部恩承徐桐等，陈述了琉球惨状，请求派遣问罪之师救援琉球的请愿书。光绪五年九月十日

请愿书校注：

此禀投递总署

陈情都通事 蔡大鼎

琉球国前进贡京回正使耳目官 毛精长谨

陈情通事 林世功

禀。为国灭主执，民不聊生，号恳据情奏请天恩迅赐救存，以复贡典事。窃敝国正遭日本阻贡，以致协执国主，种种凌虐，叠经禀明闽省督抚大宪，吁请奏闻各在案。理宜恭候天朝辨理，何敢冒渎？缘八月初五、初七等日，据敝国官吏向好问、金德辉、杨逢春等来闽报称，先后奉王

子弟尚弼命，饰为漂风抵闽之状，再行告急。敝国惨遭日本侵灭，竟将国主、世子执付该国，屡次哀请回国，不肯允许。乃谓现与中国互相葛藤，应俟大局已结，饬行复国。本年五月，王弟尚弼等，业经特饬向廷槐等抵闽请救，举国昕夕，实深聆望。讵意日人于六月十四日，率领巡查兵役突入世子宫，先将各门紧守，迫索历朝颁赐诏敕。此乃小邦镇国之宝，虔诚供奉，岂敢轻以示人？当即再三恳说，日人不听。各官与之据礼争论，日人大怒，立召巡查数十名，毒打各官，直行胁去。至天朝钦此御书、匾额、宝印，亦恐被其掠夺，百方谨护，忧虑滋深。又近日，上自法司等官，下至绅耆士庶外，而属岛监守官、笔帖式暨其头目土役人等，多被倭人劫至各处衙署，严行拷审，或有固执忠义，自刎而死者。又将诸署所有簿册，暨仓库所藏钱粮一概胁取。且驰赴诸郡，迫以投纳赋税，即行严责，复将所积米谷，擅行封去。除此之外，首里、久米、那霸各府，被其躁踬者，指不胜屈。又本年六七月间，有疫病流行，该日在那霸地方假设医局，托为疗疾，强将染病之人带去，莫知踪迹。或有割胸取肝。呜呼！日人封豕长蛇，既吞国执主，复囚官害民，苛责掠夺，无所不至。非仰仗圣天子之声灵，迅赐救援，别无筹策，各等语。长等一闻之下，肝胆崩裂，相共饮泣。业已具禀，哀恳闽省大宪据情陈奏，迅赐救难。伏念敝国累世相承，上膺册封，久备外藩。自国主以迄臣民，罔非天朝赤子。今遭倭人荼毒，竟致主辱国亡。长等误国之罪，万死犹轻。为此薙发改装，附舟北上，长跽哀嚎，泣血吁请。伏乞总理诸位大人，俯怜二百年来孝顺属藩，被倭凌虐待孔亟，恩准据情奏请皇上，宣扬天威，迅赐救存以复贡典。则阖国感戴皇恩宪德，实无涯涘之至。再，此番进京，应先禀明闽省大宪，仰候允准，而后启行。只因事在急迫，救主情切，是以不揣冒昧，沥情迳禀。犯法之罪，所不敢辞，惟求恩全，不胜激（切惶）恐之至。谨禀。光绪五年九月初八日（1879 年 10 月 24 日）

文献来源：冲绳县立图书馆东恩纳宽惇文库藏《福州琉球馆藏北京投禀抄》。

请愿书分析：

请愿书（六）与请愿书（五）全文几乎一致，只是接收方和日期不同。这是因为毛精长等人首先将请愿书（五）提交给总理衙门，过后两日在光绪五年九月十日（1879 年 10 月 24 日），同一篇文章提交给了礼部。

总理衙门是第二次鸦片战争后的 1861 年设立的，处理外国关系事务的外交机构。既是处理与欧美各国关系的机构，也是处理日清琉球问题的机构，所以毛精长首先向总理衙门提交请愿书的理所当然的。但是，原本琉球进贡册封事务都是由礼部主管，所以按照管理也应该向礼部提交请愿书。因此，毛精长等人可能在将请愿书提交给总理衙门后，同时给礼部也提交了一份。

提交给礼部的请愿书（六）收录在《清季外交史料》卷十七中，标题为《附琉球国官员禀》。又《清光绪朝中日涉史料》卷一中收录了标题为《琉球国耳目官毛精良乞援禀》的材料。两者标注日期都是光绪五年九月十三日。这个日期应该是礼部接收请愿书（六）的日期。这里以东恩纳文库所藏《北京投禀抄》为底本，并根据以上两本书内容做了部分内容的充实。

在此后的数年里，在中国求援的琉球官员不断递交请愿书，希望清廷抓紧救援琉球，恢复琉球王国。

第七封

请愿书主题：

毛精长（前进贡正使）等人呈送总理衙门恭亲王奕䜣等，奏请琉球使臣暂缓返回福州，暂留北京的奏请的请愿书。光绪五年九月十五日

请愿书校注：

此禀不蒙收下

陈情都通事 蔡大鼎

琉球国前进贡正使耳目官 毛精长谨

陈情通事 林世功

禀。为吁天恩请恩准据情奏缓回闽，暂留京城事。窃长等昨蒙总办各位大人面奉王爷暨中堂大人钧谕："汝等所递禀词，业已上奏。饬汝回闽，不必在京守候，并皇恩赏赐白银三百两，以为京回之费"等因。（钦遵）仰见天恩浩（厚），宪德周详，实（为）感激之至，理应敬谨钦

遵，何敢冒渎？惟是长等在闽守候多年，既不能请救，竟致主执国王，已属死有余罪。前奉闽省大宪传谕，琉球阻贡事件，专归总理通商衙门暨钦差大臣办理等因。与其旷日持久在闽偷生，曷若早日进京，沥情面诉，庶乎父母孔迩，迅赐辨理矣。为此犯法北上，亲叩辕下，冒死号恳，并誓未克济事不敢回闽。且长等此番虽云改装进京，亦多经过外国人属目地，谅日人亦可以闻哉。如或未能成事，即行回去，深孔日人错认天朝已将琉球事件从缓辨理，益肆鸱张，无所不至。是欲拯国难却贻国害，尤为罪上加罪。因思欲遵旨回去，既不免速祸之虞；欲在京守候，又难逃抗旨之罪。进退维谷，再四思图，惟冒死号请王爷暨诸位大人，怜念属藩孤臣救主存国之苦情，格别体恤，恩准奏缓回闽，暂留京城。长等小心静候，万不敢任意举动，上负大人衿全罪臣之至意。不胜惶悚待命之至。谨禀。

光绪五年九月十五日（1879 年 10 月 29 日）

文献来源：冲绳县立图书馆东恩纳宽惇文库藏《福州琉球馆藏北京投禀抄》。

请愿书分析：

清政府因担心与日本在外交上产生新的问题，总理衙门不允许毛精长等人留在北京，命令他们尽早返回福州。毛精长等人已经做好了"事未成功，绝不返回"的心理准备，所以请求暂留北京。但正如请愿书（七）开头所述，总理衙门并未受理该请愿书。之后，毛精长等人反复申请延长在北京的时间。

对于这些请愿人的请愿运动，礼部基于毛精长等人的特殊的政治身份，奏请将暂住于正阳门外旅舍的毛精长等安顿于四驿馆视同进贡使节，总理衙门却上奏以"若守候日久，诚恐别生枝节，致多窒碍"[1]，当时北京既已设有日本公使馆，恐事情越见复杂，请求下赐毛精长等人路银三百两，令其即刻出京，并用轮船由天津送返福州。然而，此后其他请愿人却以毛精长生病为由暂延出京，其后终未离京，而以正阳门外之旅舍为据点，不断地负责琉球问题交涉之总理衙门进行请愿运动。另外，在天津的请愿运动也因经济拮据，运动在非常困窘的状况下进行着。

---

[1] 《清光绪朝中日交涉史料》卷一，35 页。

第八封

请愿书主题：

毛精长（前进贡正使）等人呈送总理衙门恭亲王奕
䜣等，奏请琉球使臣延期回福州的请愿书。光绪五年九月
二十七日

请愿书校注：

陈情都通事　蔡大鼎

琉球国前进贡正使耳目官　毛精长　谨

陈情通事　林世功

禀。为再沥请恳乞格别体恤恩准照例设法展缓京回
去（事）。窃长等于本月十五日叩谒宪辕，禀请暂（留）
京城，当奉传谕，此事已经具奏，饬汝回闽，不准请等
因。奉谕之下，不胜惶恐之至。理应凛遵，何敢再渎钧
威。泣念敝国当天朝定鼎，首先投诚纳贡，数百余年于
兹矣。突被倭奴胁迫，宗社成墟，君臣失所，皆缘长等

45

在闽守候，不能早日北上面诉请求。误国之罪，不容于
死。今既进京告急，复未能成事，即行回闽，实非长等
冒险北上之心。尤恐前禀所陈，日人凶暴，水深火热，
却使君民益受辱困，真为罪上加罪，进退维谷。囚谓不
如相共绝食，甘死辕下。惟查光绪二年，敝国特进紫巾
官向德宏等赍咨抵闽，陈明国难，当蒙大宪，据情具奏，
钦奉上谕"琉球使臣暨通事人等，著何、丁饬令统行回
国，毋庸在闽守候。钦此。"时因先行回国，未免速祸
之虞，当即禀，蒙闽省大宪据情设法，准缓（回）国在
案。此番长等哀请展缓回闽，事同一律，不已沥情，再
恳王爷暨诸位大臣大开恩路，俯准照例设法展缓京回。
实深衔结之至。谨禀。

光绪五年九月二十七日（1879 年 11 月 10 日）

文献来源：冲绳县立图书馆东恩纳宽惇文库藏《福州琉球
馆藏北京投禀抄》。

请愿书分析：

1879 年 10 月 29 日（光绪五年九月十五日），被允
许暂留北京后 10 天之后，毛精长再次提交了请愿书（八），
但总理衙门最终没有受理。

　　毛精长在请愿书（八）指出 1876 年（光绪二年）虽然有命令让向德宏返回琉球，但因各种形势而留在中国。鉴于这方面的先例，希望撤销让他们离开北京的命令。但总理衙门一旦发布上谕不可能轻易撤回，所以这份请愿书没有受理，但是，实际上总理衙门对毛精长提出的要求的默认的。毛精长的热切恳求，让他暂留北京成为既定事实，所以以后他长期留守北京，反复向总理衙门和礼部提交请愿书。

　　在四年后，1883 年日本驻北京公使榎本武扬给外务卿井上馨的密信中说，"很早就听说有十几名琉球人偷偷住在北京……驻日公使馆让总负责人乔文杉伪装成天津来的旅商，到琉球人投宿的庆隆栈调查了四五日，回来之后阐述了详细情况。"乔文杉汇报了"在北京琉球人之状况"，其内容如下，"从两年前开始，就有琉球人常住在东楮市口的庆隆栈，大约有十二三人，而且这些人都身着中国人的衣服。其中，毛氏（第一大员，六十多岁），杨氏（第二大员，六十多岁）。大事由毛氏决定，小事由杨氏负责。这两人从两年前就开始住在庆隆栈，几乎不外出。此外，大约每两三个月，琉球人中的两人或三人来北京或离开北京，轮流往来北京，没有人常住在北京。来到北京的琉球人通常居住于此客栈，而且都会乔装改扮…这些琉球人从不出入清国的衙门，也不同清国的官吏来往。据很多人了解的那样，由于日本废琉置县，他们便来到宗主国清请求支援。他们一个月之内只出去两三次，也只是在街上散步，不敢走远，这是因为他们以万事秘密为主。他们现在租住的是庆隆栈最后的第三园（第一园，第二园通常作为清朝商人或考生的旅店）。琉球人常住于庆隆栈的第三园内的三间南房，三间北房，东西房无人居住。他们不许外人进入，即使是客栈内的佣人也不允许出入。他们雇佣了两名来自四川的清国人，这两人负责他们的日常生活，除了采购食物之外，几乎也不出门。"

关于逃亡到中国的琉球人的动向，乔文杉作了以上的汇报。其中提到的毛氏可能是毛精长（国头亲云上盛乘），也可能是 1882 年（明治 15 年）逃亡到清朝的毛凤来（富川亲方盛圭）。榎本公使认为"乔文杉的汇报基本属实"，又指出"他们（逃亡的琉球人）并非来北京经商，据很多人了解的那样，他们是为了请求清朝的援助琉球王国而来的。从琉球人的角度来考虑的话，这样的请求，愿望是人之常情，合乎常理的。但是毛、杨二人既没有出入清朝的衙门，又没有同清朝的官吏往来，这让人觉得不可思议。或许向清政府递交了请愿书，他们为了等待清朝的答复，内部相互之间传达意思，每两

三个月轮流往来北京，这或许是他们所要做的吧。现在
福建的琉球馆有琉球人 17 人，其中女性有 2 人。这些人
是靠清政府的救济来生活的，还是靠琉球王国的有志之
士的自主维持生活的不得而知。"[1]

[1] 《北京榎本公使機密信第 21 号写》，《琉球廃藩置県処分 第四卷》，
アジア歴史資料センター、レファレンスコード，A03023001700，外
務省外交資料館蔵。

49

第九封

请愿书主题：

毛精长（前进贡正使）等人呈送总理衙门恭亲王奕䜣
等，诉说怜悯琉球惨状，火速派兵救援的请愿书。光绪五
年十一月二十一日

请愿书校注：

王爷中堂阅完将禀发还

陈情都通事 蔡大鼎

琉球国前进贡正使耳目官 毛精长 谨

陈情通事 林世功

禀。为再恳天恩，迅赐救主甦民以存藩士事。窃长等
前因国灭主辱，于九月初八日，匍叩宪辕，泣请救难。当
蒙宪恩，据情具奏，并奉钧谕"迅速设法办理"等因。恭
聆之下，无任感激，理宜悚息待命，何敢再行渎陈。惟念
敝国前禀，惨遭日本凭凌，国主、世子身羁敌国，久被困辱，

官民受其毒虐，日甚一日，仰望天朝之声灵救存，如赤子之疾痛、颠连呼其父母。倘未蒙早赐筹办，不特闽国人民翦焉倾覆，靡有孑遗；尤恐国主、世子在其掌握，突罹不测之祸。夙夜忧惶，肝胆如裂。长等来京告急，已及三月。不已再行冒昧叩渎，泣恳王爷暨诸位大人仰体圣朝，中外为家，一视同仁之至意。俯悯属国君民，失所涂炭已极之苦情。恩准据情具奏，速赐拯救，以存藩土。则上自国主，下及臣民，生生世世，感戴再造国家之恩矣。谨禀。

光绪五年十一月二十一日（1880 年 1 月 2 日）

文献来源：冲绳县立图书馆东恩纳宽惇文库藏《福州琉球馆藏北京投禀抄》。

请愿书分析：

恭亲王奕䜣受理请愿书（九）后，将请愿书返还了。这也意味着总理衙门默认了毛精长等人在北京的逗留。但总理衙门没有满足毛精长等人的请求，也没有再次上奏清廷。

第十封

请愿书主题：

毛精长等（前进贡正使）等人呈送总理衙门恭亲王奕䜣等，乞求琉怜悯球惨状，火速派兵救援的请愿书。光绪六年七月初八日

请愿书校注：

陈情都通事　蔡大鼎

琉球国前进贡使耳目官　毛精长　谨

陈情通事　林世功

禀。为国亡主辱、望拯益急，号恳天恩迅赐救存以复贡典事。窃长等抵京以来，叠次冒叩宪辕，沥情哀请拯救。节奉面谕"赶紧办理"等因奉此。计今将及一载，五中焦灼，旦夕饮泣，比接敝国驻闽前进贡使蔡德昌等来函云："本年六月二十三日，有本国漂风难民人等抵闽，询据泣称'现刻阖国通宗访社稷之成墟，忧国主、世子之未返，号泣载途，仓皇失措。兼以内自三府，外至属岛，惨遭日

人豺狼成性，苛征暴敛，终至离散者，已不可枚举矣。仰望中朝之救，如赤子之望慈父母'等语。"长等一阅之下，心肝如裂，恻念敝国君民，被倭毒虐，至于此极。倘非蒙早日恩赐救援，深恐国主、世子久羁敌国，变生不测。而国人亦皆弊于苛政，更少生机。不已泣叩王（爷）暨大人怜念，属邦罹兹大劫，开一纸（半钱）之恩，扩再生之德。迅赐救主存国，以复贡典。则上自国主，下及臣民，实深衔结之至矣。谨禀。

光绪六年七月初八日（1880 年 8 月 13 日）

文献来源：冲绳县立图书馆东恩纳宽惇文库藏《福州琉球馆藏北京投禀抄》。

请愿书分析：

请愿书（十）是进入光绪六年后第一件请愿书。这是光绪五年（1879 年）十一月二十一日被返还的请愿书之后，时隔八个月又提交的一份请愿书。总理衙门是否受理了这份请愿书我们还不清楚。通过这八个月的时间，毛精长等人在北京的逗留成为既定事实得到了总理衙门的默认，他们才再次开始了请愿运动。

通过请愿书（十）可以看出，留在北京的毛精长等人

与在福州的蔡德昌不断传送信函，交换情报。据驻北京的
夏本公使说，在北京的琉球人据点每两三个月就会交替出
入据点，可能他们就琉球问题交换情报。

第十一封

请愿书主题:

毛精长(前进贡正使)等人呈送总理衙门恭亲王奕䜣等,请求为救援琉球,请求与驻北京的日本公使谈判的请愿书。光绪六年八月初四日

请愿书校注:

陈情都通事 蔡大鼎

琉球国前进贡使耳目官 毛精长 谨

陈情通事 林世功

禀。为冒死泣恳,立赐救主存国事。窃长等前已叠次冒叩宪辕,哀请救难。节奉钧谕"汝等国中情形,早能知悉。自当感急办理"等因,奉此。惟念守候多年,赐救无期,而倭奴之毒虐兹甚,君民之涂炭已极。皆由长等血诚未至,因循偷生所致。当此之时,惟有守候宪辕,泣血请救,继之以死而已。号恳王爷暨大人,深垂救焚救溺之鸿慈,

立赐传召驻京倭使，谕之以大义，威之以声灵，还我君主，复我国土，实深戴德不朽，不胜惶悚待命之至。谨禀。

光绪六年八月初四日（1880 年 9 月 8 日）

文献来源：冲绳县立图书馆东恩纳宽惇文库藏《福州琉球馆藏北京投禀抄》。

请愿书分析：

请愿书（十一）距离请愿书（十）提交不足一个月，内容也差不大。但在琉球救援策略上，具体提出了要与驻北京日本公使直接谈判。而与在天津的向德宏的请愿书（三）、（四）中请求派遣问罪之师相比，态度上相对保守一些。为什么两者有这么大差别原因尚不清楚。

第十二封

请愿书主题：

毛精长（前进贡正使）等人呈送总理衙门恭亲王奕䜣等，诉琉球分岛与琉球灭亡无异，坚决反对"分岛方案"，请求竭尽全力恢复琉球全部领土的请愿书。光绪六年八月二十四日

请愿书校注：

陈情都通事 蔡大鼎

琉球国前进贡使耳目官 毛精长谨

陈情通事 林世功

禀。为陈明国情事。窃长等已于本月初四日叩谒宪辕，泣恳早赐救难。即奉传谕"汝等国事件，现速办妥"等因。长等感激涕零，不知所措，理宜仰候宪示，奚敢叠渎钧威，顷据留闽。前进贡都通事官蔡德昌等函称"本年七月复有漂风难民人等抵闽，当即询讯国情，仍同前由，但伊等风

闻日本三分球土，还给其二，或剖于属岛，立为琉球"等语。长等阅信之下，不胜惊怕。伏念敝国内有三府，东西宽处不过数十里，南北长不足四百里；外有三十六岛，其中八岛业于前明万历年间被倭占去。现有三（二）十八岛，皆海中拳石，穷荒特甚，土复硗瘠，物产绝少。人户稀疏。其一切衣食器物，莫不仰给与三府焉。夫以三府二十八岛而立国尚难，况割土分岛，又将何以立国？既不足以立国，泽则明日存，何异于亡？此等情形，谅早已于大人洞鉴之中，应蒙上体天朝历圣翼没之鸿慈，下察敝国先王宗社之世土，恩赐依旧，立邦以复典。惟是长等，既闻此信，实难缄默，为此不揣冒昧，先行陈明，叩乞王爷暨大人电察前由，妥为办理，并恳俯赐谕示，无任感佩之至。谨禀。

光绪六年八月二十四日（1880 年 9 月 28 日）

文献来源：冲绳县立图书馆东恩纳宽惇文库藏《福州琉球馆藏北京投禀抄》。

请愿书分析：

请愿书（十二）毛精长等人呈送总理衙门恭亲王奕䜣的请愿书，"琉球分岛与琉球灭亡无异，坚决反对分岛方案，请求竭尽全力琉球全部领土"。

　　毛精长、蔡大鼎、林世功等人接到"琉球处分"消息后，在1879年9月29日（光绪五年八月十四日）开始从福州北上去北京。这时中日两国已经在美国总统格兰特的协调下，针对琉球问题暗地较量。格兰特于1879年6月份访华，6月12日在天津会晤李鸿章时，李鸿章向他介绍了琉球问题及中方立场，并依据1871年的《中日修好条约》的条款，指出日本吞并琉球是挑衅在先，希望格兰特在中日之间秉公处置。1879年7月格兰特来到日本东京，就琉球问题与伊藤博文、西乡从道等人会谈，听取了日方的观点。8月10日，他在会晤明治天皇睦仁时，建议在琉球岛屿之间划分界线，让中国可以有通向太平洋的出海口，这样可能会是可行的方案。这也就是中日双方日后谈判中的"分岛方案"的来源。

　　此时，在中国北上途中的毛精长在同年10月12日（光绪五年八月二十七日）经过天津，与已经向李鸿章请愿的向德宏汇合，告知琉球分岛问题。蔡大鼎的《北上杂记》中说，"听说美国总统已经与日王（日本天皇）商讨，将琉球三分之一割让日本"（《由闽北上实录》）。琉球分割案逐步浮出水面，毛精长等人可能也已经知道，对方案具体内容中日还没有最终达成一致，具体方案他们应该不知道。

　　明治政府为了与中国谈判，将竹添进一郎派往天津，
1880 年 4 月 4 日与李鸿章谈判。并且关于琉球问题作为
日本全权委员与驻清公使宍户玑和大清总理衙门大臣沈桂
芬正式开始谈判。日本提出了琉球二分割案，即琉球本岛
以北为日本领土，宫古，八重山割让给大清，另外在此基
础上关于最惠国待遇问题（内地通商权）展开谈判。

　　毛精长的请愿书（十二）提交时正是中日谈判焦灼之
时。当然中日两国谈判秘密进行，其他国家想知道也很困
难。毛精长是怎么知道琉球分岛谈判的呢？请愿书（十二）
中毛精长说消息来源是留在福州的蔡德昌寄来的书信中得
知的。蔡德昌则是从到达福州的琉球人那里得到的情报。
这样，我们可以发现在琉球内部已经关于琉球分岛谈判的
消息已经广泛传播。

　　毛精长前一年的十月份已经知道了琉球分岛问题，这
份请愿书中提到从在天津的向德宏也应该非常重要。向德
宏通过与李鸿章的接触，中日之间的谈判进展应该知道一
些，但也有很大的局限性。即使在正式谈判期间（1880
年 8 月 18 日至 10 月 20 日），有关谈判内容的具体情报，
除了两国外交当局以外，几乎没人知道具体细节。然而，
亡命琉球人在 1879 年 10 月，已经接触到关于琉球分割方
案的信息，并对清日之间的正式谈判的进展表示极大的关

注。[1] 之所以这么说，是因为滞留北京的亡命琉球人，在正式谈判前后，不断向总理衙门的恭亲王奕訢呈递请愿书，呼吁清国政府拯救琉球。

清日两国代表团举行正式谈判，在第三次会谈（9月3日）对"二分方案"双方达成一致的5天之后（9月8日）。在正式谈判中，清廷要求引渡尚泰及其子孙，也是因为不得不顾及此前毛精长等亡命琉球人的请愿。

然而，这份请愿书中对琉球分岛严厉批评其极不合理，总理衙门听起来是很不舒服的。这份请愿书不知道总理衙门有没有接收，而总理衙门推动的分岛谈判受到如此批评，却是既成事实。

[1] 西里喜行著、胡连成等译：《清末中琉日关系史研究》（上册），社会科学文献出版社，2010年版，第347页。

第十三封

请愿书主题：

毛精长（前进贡正使）等人呈送总理衙门恭亲王奕䜣等，为了救援琉球，请求与驻北京日本公使再度谈判。光绪六年十月十六日

请愿书校注：

陈情都通事　蔡大鼎

琉球国前进贡使耳目官　毛精长　谨

陈情通事　林世功

禀。为泣叩迅赐救主存国事。窃长等入都以来，叠次冒叩辕下，禀请救难。节经奉有宪谕"妥为辨理"等因。惟是仰候，已逾一载，作何辨法，尚未蒙谕示。实深焦急。恻念敝国主暨世子被倭胁迫，流难播越，于今二年矣。仰望天朝之救，日甚一日，艰楚万状，惨不忍言。且至国人，亦仍苦其戾虐，皆不堪命，切齿同仇，待拯孔殷。长等夙

夜忧惶，万分迫切，惟有泣恳王爷暨大臣洞察前由，俯准传召驻京倭使，谕之以大义，威之以声灵，妥速辨理，还我君王，复我国都。如不蒙允谕，长等上无以覆主命，下无以对国人。伏乞宪鉴。长等不胜悚惶待命之至。谨禀。

光绪六年十月十六日（1880 年 11 月 18 日）

文献来源：冲绳县立图书馆东恩纳宽惇文库藏《福州琉球馆藏北京投禀抄》。

请愿书分析：

请愿书（十三）与两个多月前（光绪六年八月初四）提出的请愿书（十一）的内容几乎一致。但是围绕琉球问题日清之间的交涉事实上已经结束，毛精长等人焦急的心情和紧迫感都跃然纸上。然而，日清之间交涉已经在同年 10 月 21 日结束，只等条约签署。但是，毛精长等人是否这个事实还不得而知。总理衙门虽然接收了这份请愿书，但为时已晚。

第十四封

请愿书主题：

林世功（陈情通事）等人呈送总理衙门恭亲王奕䜣等，着重强调愿一死请求救援琉球，尽臣节的请愿书。光绪六年十月十八日

请愿书校注：

琉球国陈情通事 林世功谨

禀。为一死泣请天恩，迅赐救主存国以全臣节事。窃功因主辱国亡，已于客岁（光绪五年）九月，随同前进贡使耳目官毛精长等，改装入都（北京），叠次葡叩宪辕，号乞赐救（援），各在案。惟是作何办法，尚未蒙谕示，昕夕焦灼，寝馈俱废。泣念功奉主命，抵闽告急（已历）三年。不图敝国惨遭日人益肆鸥张，一则宗社成墟；二则国主、世子见执东行；继则百姓受其毒虐，皆由功不能痛哭请救所致，已属死有余罪。顾（然）国主未返，世子扣留，

犹期雪耻以图存，未敢捐躯以塞责。今晋京守候，又逾一载，仍复未克济事，何以为臣？计惟有以死泣请王爷暨大人俯准，据情具题传召驻京倭使，谕之以大义，威（压）之以声灵，妥为筹弁，还我君王，复我国都，以全臣节，则功虽死无憾矣。谨禀。

光绪六年十月十八日（1880 年 11 月 20 日）

文献来源：冲绳县立图书馆东恩纳宽惇文库藏《福州琉球馆藏北京投禀抄》。

请愿书分析：

毛精长·蔡大鼎·林世功联名提交请愿书（十三）两日后（光绪六年十八日），林世功单独将请愿书后（十四），林世功于 11 月 20 日"辰刻"（早上八点），结束了自己的生命。同僚蔡大鼎，将林世功的自杀报告送给总理衙门，并交出了林世功请愿书。[1] 总理衙门是否受理，尚不清楚。

虽然表明林世功为琉球救国大义殉国的决心，但是关于琉球分割条约却只字不提，因此可以断定，尚不能表明

---

[1]《北京投禀抄》，东恩纳宽惇：《尚泰侯实录》，第 428 页；蔡大鼎：《北上杂记》卷一，第 18-20 页；西里喜行编：《琉球救国请愿书集成》（法政大学冲绳文化研究所），第 75-77 页。

对总理衙门同意签署分割条约的抗议。道理虽如此，林世功为了琉球救国大义而自杀的殉义行为本身，已经说明了对日清两国议定了"与亡国无议"的琉球分割条约的强烈抗议[1]。林世功在请愿书中，之所以没有直接表明抗议的态度，可能是因为不得不为那些尚在清国亡命的同道们考虑的缘故[2]。关于此间情况，林世功在给同道们的遗书中，有过如下陈述：

此禀（致总理衙门请愿书），并无与人牵涉之语，虽递无妨，祈诸公裁度施行。若曰无补于事，未便投递。则功亦未如之何。虽然，与其事后递禀而有名无实，曷若此事前以死请救，以全臣节。再，功谓，奉国主之命而告危急，于兹五载，乃上不能救君下不能存都，以何复国王之命。世子若问父王，又将以何为对？此功所以捐生命而请救。伏望诸公，怜其愚，宥其罪，是无荷，临命痛哭。[3]

总之，林世功认为，与其在"事后"即琉球分割条约签署、批准之后，呈递一份起不到任何作用的请愿书，还不如在事前也就是签署、批准之前，以誓死请愿，来

[1] 请参照西里喜行《琉臣殉义时间考——林世功的自杀和周边》，球阳论丛，岛尻胜太郎等三先生古希纪念论集刊行委员会，1986年。
[2] 亡命清国的琉球人被迫在清国政府的庇护下过着流亡生活，因此不能违背清政府的意向而公开活动。
[3] 蔡大鼎：《北上杂记》卷一，第19-20页。

保全臣节。换句话说，琉球分割条约签署、批准之后，什么样的救国运动都是"有名无实"，恢复已经亡国的琉球的可能性几乎为零。林世功判断到这一点，把回天之术都赌在签署、批准以前的誓死请愿书上。对于林世功的誓死请愿，总理衙门的诸位大臣究竟在何种程度上被打动了，这一点还不清楚，但是清廷当局评论说"此诚为忠臣，实属可悯也"，赐其白银二百两，将其厚葬于张家湾。[1]。林世功离世后，日方全权公使宍户等人也访问总理衙门，催促沈桂芬、王文韶等马上签约，诘问清国方面的态度。清政府的答复是"切勿怀疑有中变之事"，不断回避宍户公使即刻予以签署之要求，说是等待南北洋大臣复奏之后的上谕。

林世功自杀后，慈禧太后认为林世功是琉球王室的忠臣，厚葬于通县张家湾立禅庵村（今北京市通州区张家湾镇立禅庵村），后来多名不愿被日本奴役、流亡中国的琉球遗民也葬于此地。

---

[1]《林子叙讳世功在京辞世记》，《北上杂记》卷一，第17-18页。

第十五封

请愿书主题：

蔡大鼎（陈情都通事）向总理衙门恭亲王奕訢等，提交的关于林世功自杀的申告书。光绪六年十月十八日

请愿书校注：

琉球国陈情都通事蔡大鼎、为报明事切陈情都通事林世功，业于十月十八日辰刻自死，理合报明，并附呈该功亲笔禀词一道。

光绪六年十月十八日（1880 年 11 月 20 日）

文献来源：冲绳县立图书馆东恩纳宽惇文库藏《福州琉球馆藏北京投禀抄》。

请愿书分析：

林世功[1]自杀后当天，蔡大鼎向总理衙门报告了林世功自杀的情况，并将林世功亲笔书写的禀词（请愿书）一并提交给了总理衙门。

请愿书交给总理衙门的同日，日方全权公使宍户等人也访问了总理衙门，催促沈桂芬等诸大臣马上签约，诘问清廷的态度，乃"完全为谈判变卦之举，不怀好意"，"既为彼此商讨之事，断无中变之理"等。[2]总理衙门从亡命

---

[1] 林世功（1841——1880），字子叙。1865 年考取赴华留学之官生资格。在首里国学攻读诗文，于 1868 年于葛兆庆、林世忠、毛启祥一同，为琉球赴华留学的历史上最后一批官生，往北京国子监求学。求学途中毛启祥在江阴县因病去世，在学期间，葛兆庆余林世忠亦相继病逝，独剩林世功一人，他更加刻苦学习，以完成诸同学遗愿。在学期间，林世功就出版了诗集《琉球诗录》，受到老师的好评，认为林世功的诗句均出自肺腑，乃精雕细琢之作。1874 年，林世功学成回国。1875 年 6 月任国学大师，9 月由擢升为世子（尚垫）之讲师。"球案"爆发，日本废琉球国为冲绳县，琉球国内一片惊慌。情急之中，琉球政府派遣向德宏、蔡大鼎等前往中国求援。林世功亦作为陈情通事渡海抵闽，日夜兼程，化妆北上，乞师于清廷。据载：林世功与蔡大鼎曾在东华门外跪乞清廷出兵拯救琉球，长达七日，其爱国忠心之精神，令人感慨万分。由于清廷自身的腐败无能，加上杠杆经历了太平天国革命和英法联军的进犯，使其处于内外交困，自顾不暇的境地，因此清廷面对琉球这种行将亡国的局面也是一筹莫展，乞师无望的林世功决心以身殉国。林世功自尽后，蔡大鼎将遗墨上报清朝，人们虽对林世功殉国的壮举赞颂不已，然无力回天的趋势早已成为定局，可怜报国无门的爱国志士林世功，终究无法复国，享年仅四十岁。但不管怎样，琉球国的历史因为他有了非常醒目的一笔，值得大加赞颂。
[2] 《日本外交文书》第十九卷，第 233—238 页。

琉球人和宍户公使双方收到了完全相反的要求，诸大臣们陷入进退两难的困境。深思熟虑后，答复宍户说："此前商办，我等彻头彻尾意见相同"，"我等亦决无中变之意"。强调对于已经达成协议的琉球分割条约之条文没有"中变"之意，另一方面，不断回避宍户公使即刻予以签署之要求，说是要等待南北洋大臣复奏之后的上谕。[1]

　　需要关注的是，林世功自杀后，琉球国内势力分化为两派：一派以翁逢源、向嘉勋为代表，支持日本的统治，日本称之为"开化党"；另一派以毛允良、毛有庆等人为代表，盼望清帝国援助，帮助琉球复国，亲日派称他们为"顽固党"。众多琉球士族支持"顽固党"复国。每逢节日，都有大批琉球士族穿着传统礼服前往各地寺庙，名义上史祭拜先王，实际是祈求清帝国战胜日本，帮助琉球复国。

---

[1]《日本外交文书》第十九卷，第233—238页。

第十六封

请愿书主题：

毛精长（前进贡正使）等人向清国驻日公使许景澄提交，希望去日本赴任后与日本政府谈判，争取琉球复国的请愿书。光绪七年正月二十四日

请愿书校注：

＜正月十六日，许景澄出使外国请训。此禀，已蒙收下，昨大人因闻讣戴孝，半途回籍。＞

具禀。琉球国孤臣、前进贡正使耳目官毛精长。陈情都通事蔡大鼎为泣恳就劝谕复国归君，无任梗顽，请师讨罪，以解倒悬，而拯群生事。窃敝国于光绪元年间，惨遭日本阻贡天朝诸大典。长等在闽，奉到敝国主密旨，经即具禀督抚宪，号恳救难。蒙准据情具奏，奉上谕"著总理各国事务衙门传知出使日本大臣，相机妥筹办理"等因，钦此。钦遵在闽守候，荷蒙前钦差大人极力劝谕，乃日本

恃其强顽，不肯听命。胆复（敢）派官派兵，前来敝国，拥去敝国主及世子，改敝国为冲绳县。一切政令赋税，悉归日本掌握。长等一闻之下，不胜痛苦，于光绪五年间，由闽薙发改装到京，匍叩总理衙门，泣恳救难，复经叠次具禀，均蒙谕妥为辨理，宜应静候各在案。兹逢钦差大人新任日本，正可就近设法，出敝国于水火，而使登之于衽席。为此死沥陈。乞念敝国孝顺二百余年，久为藩服之臣，一旦惨日本祸乱，国王君幽，人民涂炭，种种危苦惨迫情形，不可言状。为皇上柔远之仁，在所矜悯，驾临日本，再为剀切晓谕。冀日本少有悔心，还敝国之全土，归敝国之寡君。王师不劳讨伐，敝国犹获存全，实为万妥。倘日本犹复恃顽，终不可理喻，恳叩奏请皇猷兴师，致讨宣天朝之威德，解敝国于倒悬。日本变制以来，上下离心，民穷思乱，倘得王师往讨其罪，自必贴服听命。俾敝国全土可复，主君可归，贡职永修，世守勿替。敝国上自国主，下至人民，生生世世，永戴皇恩宪德于无既矣。谨禀。

　　光绪七年正月二十四日（1881 年 2 月 22 日）

　　文献来源：冲绳县立图书馆东恩纳宽惇文库藏《福州琉球馆藏北京投禀抄》。

请愿书分析：

1880 年（明治十三年）年代到 1881 年初，中日外交关系陷入紧张之中。围绕琉球分割和增约方案的签约、批准，大清国内倾向于延期签约，进行再次谈判，签约期（1880 年 10 月 31 日）到了，清政府也没有签约意愿。日本全权公使宍户玑声明"琉球案今后将自由处置"，并在 1881 年 1 月 20 日离开北京，返回日本。[1]

在此期间大清也在摸索新的对策，1880 年 12 月 2 日，驻日公使何如璋卸任，任命许景澄为新公使。许景澄在赴日之前在 1881 年 1 月 16 日，先在总理衙门跟宍户玑会谈，劝他暂时不要回日本，却没有听取意见。[2]同日，许景澄去朝廷请训。

考虑到内外形势的变化，毛精长在解决琉球问题上向许景澄倾诉，提交了请愿书（十六）。应该注意的是毛精长强调"返还敝国全部领土"，"回复敝国全部领土"，言外之意对琉球问题解决方案提出反对意见，恢复琉球全部领土是他们唯一的解决方案，认为分隔琉球与琉球灭亡

---

[1] 参阅外务省编纂：《日本外交文书デジタルアーカイブ》，第十四卷，外务省外交史料馆藏。

[2] 外务省编纂：《日本外交文书デジタルアーカイブ》，第十四卷，外务省外交史料馆藏，第 119 頁。

无异。关于"全土"之范围，在前年九月二十八日对总理衙门所提出之请愿书中曾叙述道："敝国内有三府，东西宽处不过数十里，南北长不足四百里，外有三十六岛，其中八岛业于前明万历年向被倭占去，现有二十八岛皆海中拳石，穷荒特甚，土复硗瘠，物产绝少，人口稀疏，其一切衣食器物，莫不仰给于三府焉"。

清政府延期签约在毛精长看来是天大的机会，幻想琉球复国。1881 年 3 月 5 日（光绪七年二月六日），上谕令琉球问题要与日本再次谈判，这给毛精长带来了更大的勇气。

虽然许景澄接收了请愿书，但是他在赴日前父亲去世，因服丧，在同年 4 月 5 日（光绪七年三月七日）回乡。

第十七封

请愿书主题：

毛精长（前进贡正使）等人向大学士左宗棠、总理衙门提交，反对琉球分岛提案，兴征讨日本之师，紧急救援琉球的请愿书。光绪七年二月十六日

请愿书校注：

＜正月二十九日，上谕大学时左宗棠"著理兵部事务在军机大臣上行走，并着总理各国事务衙门行走，钦此。"此禀未有递投＞

具密禀。琉球国孤臣、前进贡正使耳目官毛精长，陈情都通事蔡大鼎，为国亡君幽，泣恳兴师救难，以彰天讨，而存藩服事。窃敝国于光绪元年间，惨遭日本阻贡天朝诸大典。长等在闽，奉到敝国主密旨，经即禀，乞督抚宪速赐救难。蒙准据情具奏，奉上谕"著总理各国事务衙门传知出使日本大臣，相机妥筹办理"等因，钦此。钦遵在闽

守候日口（久力）未蒙辨理，痛被日本官兵前来敝国，拥去国主及世子，改敝国为冲绳县；一切政令赋税，悉归日本掌握。长等祗因事在急迫，救主情切，于光绪五年由闽薙发改装，恭诣京师，匍叩总理衙门泣恳救难。复经叠次具禀，祗蒙谕妥为辨理，宜应静候，各在案。讵去年间，敝国留日本法司官马兼才带来称"经天朝驻日黄参赞面言，拟向日本索还敝国南边太平山、八重山二岛，另立世子为王，即此结案"等因。闻之心脏崩摧，莫知所措，窃念敝国向有三府三十六岛，前明万历年间为日本占去八岛，现存二十八岛。惟是中山与南北山为三府，国都之地。其地较诸岛稍大，其出产亦稍多。若为日本占去，仅还南边两岛，地极硗瘠卑下，出产无几，该地居民当难自给，更立国都于此，何以上修天朝之贡典，并供国用而给民生？且主君尚另立新军，为人臣者何忍萌此心、定此议？日本无非挟敝国主为要求，必快其所欲而后已。虽听劝释于天朝，无非翦灭乎敝国，似此名立国，实与亡国无异。其议万难遵从，伏惟宫太保左侯老中堂大人劝业震中外，功德播民生，常存一夫不获之心，必能出敝国于水火，而使等衽席。乞念敝国孝顺二百余年之久，为藩服之臣，一旦惨遭日本欺吞，国亡君幽，人民涂炭，种种危苦，惨迫情形，不可言状。为此昧死泣求，准赐奏请皇猷兴师，以讨日本，宣天朝之威德，解敝国于倒悬。日本变制以来，上下离心，民穷思乱。倘得天朝一旅之师往讨其罪，定能帖服听命。俾敝国全土可复，主君可归，贡职永修，世守无替。敝国上自国主，下至官民，生生世世，永戴皇恩宪德于无既矣。临禀涕泣，无任惶悚待命之至。谨禀。

光绪七年二月十六日（1881 年 3 月 15 日）

文献来源：冲绳县立图书馆东恩纳宽惇文库藏《福州琉球馆藏北京投禀抄》。

请愿书分析：

中日两国就琉球问题争论不休的时候，大清在伊犁问题上与俄罗斯的战争处于一触即发的危险境地。1866 年（同治五年）以来，陕甘总督左宗棠在平定回教叛乱上政绩卓著，此时俄罗斯也以回教叛乱之名屯兵伊犁，左宗棠主张武力解决，将俄国军队赶出伊犁，但没有得到清廷允许。1879 年（光绪五年）对于崇厚签订的屈辱的伊犁条约，朝廷派曾纪泽重新与俄国谈判，背后原因是左宗棠屯兵哈密，对俄展现出强硬姿态，这种军事威慑取得了一定作用。同时，左宗棠因此名声大噪。但中俄开始谈判时候，朝廷又将左宗棠召回。1881 年 2 月 24 日（光绪七年正月二十六日），曾纪泽与俄国签订改订伊犁条约时，左宗棠已经到达北京，并在第二天得到皇帝召见。同年 2 月 27 日（正月二十九日）左宗棠得到上谕，负责管理兵部事务。[1] 伊犁问题与琉球问题有着紧密关联。大清国内为了避免同时得罪日俄两个国家，比较有力的观点是应该等伊犁问题解决后，再就琉球问题展开谈判。伊犁问题和平解决后，1881 年 3 月 5 日（光绪七年二月六日）左宗棠上奏朝廷，为了应对与日本作战，在沿海各省及长江加强警戒。同日，总理衙门接到上谕，就琉球问题与日本进行再次谈判。此前，向德宏向李鸿章哭诉琉球问题，李鸿章态度一转，突然反对签署条约，以此为契机，清国国内就签约与否展开了激烈讨论。[2] 而左宗棠则这样认为，如果采纳琉球二分方案，则琉球不能复国；改约之一体均沾，亦不利于睦邻，此事应再次审议。[3]

进而，根据左宗棠的概括，清廷于 1881 年 3 月 5 日（光绪七年二月六日）下达上谕，内容如下：原议商务一体均沾一条，为日本约章所无。今欲援照西国约章办理，尚非

---

[1] 郭廷以：《近代中国史事日志》第一册，中华书局，1987 年，第 681 页。
[2] 西里喜行著，胡连成等译：《清末中琉关系史研究》（上册），社会科学文献出版社，2010 年版，第 383 页。
[3] 《光绪朝中日交涉史料》上册（文海出版社），卷 2，第 37-38 页。

必不可行。惟此议因琉球案而起，中国以存球为重，若如所议划分两岛，于存球一层，未臻妥善。著总理各国事务衙门王大臣，再与日本使臣悉心妥商。俟球案妥结，商务自可议行。[1] 根据上谕分析，只要能够满足琉球继续存在的条件，就承认改约（即享受与欧美各国同等待遇之内地通商权）。

因此，不难理解，坚持对外强硬的左宗棠也给亡命在外的琉球人带来了希望。应该抓紧起草请愿书交给左宗棠，所以才有了请愿书（十七），但是不知为什么，毛精长却没有另起草请愿书。而是内容上与提交给许景澄的请愿书内容一致，只是后者对分割琉球表示反对。而应该注意前者却态度明确表示坚决不接受分割提案。或许毛精长感觉在分割琉球方案上虽然有必要表示强烈反对，但过于直接的表述恐怕给大清造成不好的印象，于是才有了不同的表述。

─────────────

[1]《光绪朝中日交涉史料》上册（文海出版社），卷2，第37-38页。

第十八封

请愿书主题：

毛精长（前进贡正使）等人提交礼部、总理衙门，关于东太后去世，准请着丧服行礼的请愿书。光绪七年三月十六日·十七日

请愿书校注：

三月十日，慈安皇太后仙驭升遐。

此禀，礼部处已蒙收下，后有缴还总理处，蒙收下，未奉回批。

具禀。琉球国前进贡正使耳目官毛精长、陈情都通事蔡大鼎，为恳乞恩准禀明事。缘长等兹闻大行慈安皇太后驭上宾，长等闻信之下，曷胜哀恸。伏查光绪元年，孝哲毅皇后崩逝，适长等赍捧表文例贡在京，当蒙颁赐孝布成服，于四译馆内望阙行礼，举哀在案。今长等因遭国难，改装密寓，请救在京，守候信音。适逢大行皇太后大事，

未敢擅便举哀，伏候礼部大人王爷暨诸位大人查夺原谅，不胜惶悚待命之至。谨禀。

光绪七年三月十六日·十七日（1881 年 4 月 16 — 17 日）

文献来源：冲绳县立图书馆东恩纳宽惇文库藏《福州琉球馆藏北京投禀抄》。

请愿书分析：

1874 年（同治十三年）底，同治帝载淳死于养心殿，因同治帝无子，慈禧立其四岁外甥载湉为皇帝，慈禧、慈安两太后再次垂帘听政。1881 年 4 月 8 日（光绪七年三月十日）去世，一说是被慈禧太后毒杀，慈禧得以独揽大权。[1] 毛精长等人不可能会卷入清朝皇族争权的漩涡中，只会按照惯例行事。本来按朝贡国使节的礼仪参加葬礼就可以，但是处于亡命途中，不知怎么做才好，所以才提交了请愿书（十八）。

[1] 郭廷以：《近代中国史事日志》第一册，中华书局，1987 年，第 682 页。

第十九封

请愿书主题：

毛精长（前进贡正使）等人向总理衙门恭亲王奕䜣提交的恳请怜琉球亡国，兴征讨日本之师，紧急救援琉球的请愿书。光绪七年九月廿六

请愿书校注：

<直隶总督李中堂，三月二十四日进京请安。

四月初二日，李中堂请训。

此禀，大人收下，未有回批。>

具禀。琉球国孤臣，前进贡正使耳目官毛精长、陈情都通事蔡大鼎，为国亡君幽，泣恳兴师救难以彰天讨，而存藩服事。窃长等前因国灭王执，于光绪五年秋间，恭诣京师，匍叩辕下，泣恳救难。计今已逾二年，复经叠次具禀，祇蒙谕赶即办理，各在案。理应静候，奚敢叠渎。项接敝国留日法司官马兼才来函，云："据在球司官等报称，

本年由闽遣拨回国飘风船四起，先后抵国。陡有日本查官、兵丁飞到该船，掠夺在闽球官等，移行本国。孝贞显皇后升遐遗诏钞暨天朝颁赐时宪书，更将难民人等，一概捕拏，严行拷审。且该日人苛改日迫，阖国涂炭，民情鼎沸。仰望天朝之救，如赤子望慈父母"等因。又接留闽前进贡都通事蔡德昌等来函："本年八月间，因有本国飘风难民人等，又复抵闽询讯国情，备具其由，前来所有情节，亦同前由。"长等一阅之下，心肝如裂，为此昧死沥陈。乞念敝国效顺二百余年，久为藩服之臣，一旦惨遭日本欺吞，国亡君幽，人民涂炭，种种危苦惨迫情形，不可言状。泣于王爷暨诸位大人念天朝柔远之仁，悯小邦被辱之惨，准赐奏请皇猷兴师以讨日本，宣天朝之威德，解敝国于倒悬。庶日本从此有所畏惮，不致迭生觊觎，亦可以皇图永因（固）矣。日本变制以来，上下离心，民穷思乱。倘得天朝一旅之师，往讨其罪，必能帖服听命。俾敝国全土可复，主君可归，贡职永修，世守无替。敝国上自国主，下至官民，生生世世，永戴皇恩宪德于无既矣。临禀涕泣，无任悚惶待命之至。谨禀。

　　光绪七年九月廿六日（1881 年 11 月 17 日）

　　文献来源：冲绳县立图书馆东恩纳宽惇文库藏《福州琉球

馆藏北京投禀抄》。

请愿书分析：

如请愿书开头所写，这份请愿书是提交给直隶总督李鸿章的。确实李鸿章在光绪七年三月二十三日（1881 年 4 月 21 日）从天津回到北京。[1]但李鸿章只在北京呆了仅仅一周左右，可能毛精长等人没有机会将请愿书（十九）直接提交给李鸿章。但这份请愿书提交日期是光绪九年月二十七日（1881 年 11 月 17 日），也就是李鸿章在北京期间的几个月之后的事情了。从内容看，记录的是同年 8 月的信息，明确向"王爷及诸位大人"提出的请求。这样这份请愿书可以视为是提交给总理衙门恭亲王奕䜣的请愿书。但为什么开头说提交给李鸿章呢？尚不清楚。

我们也可以这样推断，毛精长等人想找机会将请愿书提交给李鸿章，但始终没有找到合适机会，于是在书写时将请愿书部分内容替换后提交给了总理衙门。

这份请愿书虽然总理衙门受理了，但是内容上只是前几份请愿书的重复，可能总理衙门也不会理睬。

---

[1] 郭廷以：《近代中国史事日志》第一册，中华书局，1987 年，第 682 页。

第二十封

请愿书主题:

毛精长(前进贡正使)等人向总理衙门恭亲王奕䜣提交的请新任驻日公使黎庶昌反对琉球分岛方案,恢复琉球全部领土,向日本派遣远征军的请愿书。光绪八年三月十四日

请愿书校注:

亦蒙大人收下。

琉球国前进贡正使耳目官毛精长、陈情都通事蔡大鼎谨禀。为泣恳天恩,兴师就难事。窃本月十一日,倭回华商交到敝国留日法司官密书,内云:"兹逢钦差黎大人莅任,钦差何、张两大人归朝。敝国主先后具咨,恳请救援。蒙黎大人谕:日人将中山改作冲绳县,业已多年。若仍欲全境归还,难以如愿。不分於南岛外,稍益以中岛近南之地,可以将就立国否?且若彼能再让一二步,似亦将就了结。"

再谕：日人让一二步之事，亦恐怕不肯。但至如何辨法，
转请总理衙门，然后辨理等因。夫敝国内有三府，东西宽
处不过数十里，南北长不足四百里，外有二十余岛，皆海
中拳石，地脊人稀，物产绝少。今若不复全境，而于南岛
外稍益以中岛近南地，则不特不能供藩职、保宗社，何以
营生安身？且国主暨世子身羁敌国，久被困辱，至国人亦
受其毒虐，惨迫情形不可言状。现倭库藏日竭，虐政取民，
怨声载道。其诸臣与倭主，计议不合多，有辞职而退去者。
足见臣民解体抱异心。诚得天朝一旅之师，往正其罪，彼
国臣民怨毒已深，叛离必起。谁与上抗王师？皇威震叠，
存藩国而畏四夷，此其时矣。宜应长等，迅速匍叩总理衙门，
沥情恳请救援等因。前来长等接阅之下，心胆崩摧，不知
所措。伏念如前所陈，不复全境不足以立国。既不足立国，
则虽名立国，实与无国无异。且国主、世子刻有不测之虞，
而国人又涂炭已极，重重危苦，惨不忍言。顾彼倭奴，豺
狼成性，贪欲无饱。自阻贡以来，天朝历经劝导，彼仍悍
然不顾，若非宣示天威，无敢帖服听命。长等告急乞救，
守候都下，不能复故土、还君主，其罪专归长等血诚不至，
因循偷生，何所？以复立天地之间，不如及早以哭求泣请
王爷暨诸位大人上体天朝历圣翼覆之鸿慈，下悯敝国累叶
宗社之覆灭，恩准奏请皇猷迅赐兴师问罪，还我邦土，归

我君主。敝国生生世世永戴皇恩宪德于无既矣。临禀涕泣，无任延颈待命之至。谨禀。

附呈国王咨抄三道

光绪八年三月十四日（1882 年 5 月 1 日）

文献来源：冲绳县立图书馆东恩纳宽惇文库藏《福州琉球馆藏北京投禀抄》。

请愿书分析：

虽然"琉球处分"案因请政府在签约上的拖延战略而失败，但是关于怎样解决琉球问题，中日两国也在不断摸索。光绪帝命令对琉球问题进行重新探讨，1881 到 1882 年间，在中日两国政府的协商下，李鸿章与竹添进一郎在天津进行了一系列非正式会议和谈判。日方主张在琉球分岛条约基础上寻求解决方案，而中方则主张恢复琉球，并对琉球继续册封，双方在谈判上没有交集。但为了寻找谈判上的交集，竹添进一郎对李鸿章提出的"册封"方面打探外务卿井上的想法。井上根据竹添进一郎的提议，1882 年 2 月，提出可以在"没有其他办法的情况下，给予尚泰一定时间……根据他的愿望可以加入清国国籍"的方案，同时做出让步修改《中日修好条规》，以承认中国的最惠国待遇作为条件，默认清政府让尚泰在宫古、八重山两岛继续接受清国册封和藩属关系。[1]

这一时期，新任驻日公使黎庶昌[2]也在东京关于琉球问题积极斡旋，进而形成"黎庶昌方案"[3]。依据引用请愿书（二十）中所述，留在日本的琉球法司官马兼才的报告中说黎庶昌没有具体承担解决方案，而是对分岛条约案做了稍微修改，就想了结此案。1882 年如果知道的话，

[1] 冲绳县教育委员会编：《琉球所属问题》，《冲绳县史》卷 15，1966 年，第 324 页。

[2] 黎庶昌，字莼斋，贵州遵义人。根据《清史稿》的记载，黎庶昌的 60 年生涯，可以划分为地方行政官时代、外交官时代、川东兵备道时代这三个时期。需要关注的是，黎庶昌作为外交官驻西洋和日本的 10 余年间，特别是前后 6 年两度担任驻日公使期间的 1880 年代的外交活动，在其担任驻日公使期间，他负责的外交任务主要是琉球问题赫朝鲜问题。围绕这两个重大问题，在兼顾国内外情势下，提出了很多有价值的外交策略。其中有被中日两国政府采纳并付诸实现的，也有不少被采纳而被埋入历史底流的，值得学术界深入研究。

[3] 所谓黎庶昌方案，其内容为割南岛以封球王，并以首里王城附益，使得归其故宫，得祭祀其宗社。此外，日本已并踞之地，一任日人为政。但须坚明约束，日后不得再占一步。即黎庶昌方案是将竹添的南岛分割方案外加首里王城，对李鸿章而言，为说服琉球人，需要附加优惠条件，但竹添对此方案，则面有难色。李鸿章斟酌一番后，也认为责令割首里城，与之居守奉祀，亦恐难行。于是不再坚持新的提案。李鸿章致函总理衙门，汇报了会谈的紧张情况，并颇有感慨地说，黎庶昌曾谓，方案既出，绝不变更。但如果双方各持己见，势能无法达成一致。可以说，李鸿章已逐步倾向于接受竹添方案。

以分岛条约案为基础的竹添方案有可能实现。

这份请愿书要注意以下几点：第一，滞留东京的琉球人和清国驻日公使之间通过书信，就琉球问题的解决方案多次交流意见，清政府也在试探琉球人的意图；第二，在东京的琉球人和在中国流亡的琉球人在琉球分岛案这个问题上都顽固的提出反对意见，一味追求琉球全部领土的回复；第三，在东京的琉球人将日本国内的政治形势通过书信将情报传给在中国的琉球人。如日本明治政府财政匮乏、自由民主运动的发展等情报信息都非常准确。在中国的琉球人根据这些情报，才请求清政府派遣军队远征日本救援琉球。

与毛精长等人提交请愿书（二十）几乎同时，琉球内部士族阶层之间关于琉球分岛案也出现赞同和反对的两派意见，但总体上反对意见占上风，为了向清政府表达琉球人的意愿，同年 5 月三司官毛凤来经宫古岛逃往中国。[1]

关于这段历史喜舍场朝贤有如下陈述，"关于琉球分岛，到明治 14 年清政府依然示意清国驻日公使要将宫古、八重山两群岛割让给清国。日本政府也给予了肯定答复。但是琉球旧藩王却认为琉球划归中国，肯定不能复国，还有可能另立藩王。清国公使私下将这个情况告知了在东京的琉

---

[1] 東恩纳宽惇：《尚泰侯实录》，栉引成太，1924 年，第 432—433 页；庆世村恒任：《宫古史传》，南岛史迹保存会，1927 年，249—250 页。

球官员，听取他们的意见。关于这方面的议论也分成了两派，一方完全拒绝，认为太小的小岛不能建国；一方认为可以在两个岛上先建国，暂时另立新王，等出现如清国乾隆帝那样的英明君主出现时，再讨伐日本，收复琉球全部领土，中兴国家。"琉球旧藩王好像对后一种观点不太喜欢。认为现在以我的名义举事，等建国成事，可能废我而另立新王。1882 年（明治十五年阴历三月），在琉球的官员得知清国公使必须在宫古、八重山两岛建国后，迅速召开会议后随即派人前往中国，请求清政府一定要将琉球全部岛屿回复。并举荐毛凤来为代表。毛凤来虽然知道回复全部领土是不可能的，但是也不能推辞，就秘密带来四五个随行人员乘船到达福州。国王尚泰秘密派人返回琉球，与琉球官员商量琉球分岛问题，依然在是否分岛问题上不能达成一致。这时，毛凤来已经到达中国正在请愿，这样的讨论已经没有意义，只能等待请愿的结果，才能让这样的讨论终止。但是毛凤来在北京虽然频繁请愿，但清政府却不予理睬。"[1]

喜舍场朝贤虽然记录说1881年清政府要求割让宫古、八重山两岛，但是应该记述有误。因为这是前一年中日之间正式谈判中，日方代表宍户玑提出的琉球两岛的分岛案，

---

[1] 喜舍场朝贤：《琉球見闻录》，亲泊朝擢，1914 年，第 149 页。

清政府也同意了这个方案。喜舍场朝贤的记载虽然有一些不太准确的地方，但是关于在 1881 至 1882 年期间，琉球士族阶层的动向却把握到位。与喜舍场朝贤记载于请愿书（二十）所指内容大体上一致。

第二十一封

请愿书主题：

向德宏（锁之侧）等人向福建当局提交的请愿书，八重山岛官员宪英演的救国请愿书已经转发给了总督、巡抚等处，请求上奏朝廷，向日本派遣远征军，挽救琉球危亡。光绪九年六月二十七日

请愿书校注：

（陈请书）具禀。琉球国陈情陪臣，紫巾官向德宏等，为泣恩转详据情奏请，迅赐兴师征日，复君复国事。窃于本月初八日，敝国属八重山岛官宪英演，坐驾土小船，饰为飘风来闽，据称："光绪五年间，日人侵入琉球，掳去国王暨世子，废国为县，并派人员盘据本岛，剥取民财，妄劳民力。种种惨迫情形，不可言状"。前经紫巾官、法司官等先后来闽，请救应。蒙天朝办理，唯国君羁囚日久，岛民涂炭亦极，未知何日可得拯救。阖岛会议，涉险到闽，

恳速禀请列宪大人，迅赐复君复国等由。前来。据此，宏第一闻之下，曷胜焦急之至。当即叩调宪辕，恳求救难，因悉闽中雨泽愆期，时廑宪虑，未敢冒渎。兹幸列宪至诚格天，天霖大沛，民慰其苏矣。乞念敝国前明洪武五年间，输诚入贡中国。八重山、太平两岛亦慕王化，贡入敝国，久为敝国管辖。即同在天朝覆帱之中。自遭日乱以来，国废君幽，内地外岛，均逢毒害。当亦列宪所矜恤，准为呼天请命者。宏奉主命来闽，请救有年。国主拘幽日国数年来，未知如何危苦。举国人民苦日苛政，数年来未知如何凄楚。兹以僻处岛官，痛念君民遭日毒楚，目击心伤，奋发来闽。并闻太平山岛官不日将来闽，其余各属岛均不屈服于日，上自内地，下至外岛，敌忾同仇，仰望天朝征日救球，切于大旱望雨。若再延缓岁月，不但无颜可对国主，亦无面目可对外岛官民，真觉生不如死。除禀藩宪外，为此沥情泣血，再恳仁宪大人俯垂怜悯，迅转详督抚两院宪，据情奏请皇猷，迅赐兴一旅之师，救倒悬之苦。复国则上自国主、下至外岛人民，共戴皇恩宪德于无既矣。切禀。

前进贡京回都通事蔡德昌

琉球国陈情陪臣紫巾官向德宏

代办存留事务蔡锡书

光绪九年六月二十七日具禀（1883 年 7 月 30 日）

文献来源：冲绳县文化调查报告书第三5集《以八重山诸岛为中心古文书调查报告书》第9页。

请愿书分析：

1879 年夏到 1881 年秋，在天津的向德宏持续不断向李鸿章请愿，但没有取得什么效果，没办法只好返回福州。直到 1885 年 4 月（光绪十一年）的三年间，他一直在福州继续向大清提交请愿书，在同年 5 月再次北上。这份请愿书（二十一）是向德宏在福州期间，与蔡德昌、蔡锡书联名向福建当局提交的请愿书的备份。将这份请愿带回琉球的是八重山到的 {无役奉公人} 我那霸孙著，关于这件事情的记载，在我那霸孙著的孙子竹原孙恭的《城间船中国漂流颠末》一书中有详细记录。

我那霸孙著当时冒着明治政府即冲绳县政府的严密调查的风险，将请愿书（二十一）带回琉球。亲自起草并誊抄下这份意义重大的文件。根据前面竹原孙恭书中所收录的请愿书（二十一）的笔迹来看的确与我那霸孙著的笔迹相似，应该是他亲自誊抄的文件。但说他"誊抄并起草了请愿书"还不能确定，需要进一步去研究和考证。因为请愿书上的署名是向德宏、蔡德昌、蔡锡书三人，没有明确的证据证明不是他们三人起草的请愿书。三人中的向德宏，他在 1879 年在天津亲自向李鸿章提交了两份请愿书，两份请愿书在《李文忠公全集》译署函稿九中收录，这也在请愿书（三）、（四）中介绍过了。所以没办法排除请愿书（二十一）是向德宏起草的。

那么问题来了？起草请愿书的是向德宏，而不是我那霸孙著的话，那他为什么冒这么大风险将请愿书备份带回日本。不仅仅是为了"誊抄这份意义重大的文件"。他的意图应该是在琉球组织和开展救国运动过程中，将这份请愿书当作主要的宣传文件。有可能我那霸孙著当时漂流到福建在福州呆了九个多月，在这期间与向德宏等亡命中国的琉球人进行了深入的交流，决心加入琉球救国运动中去。回到琉球后在一段时间内为琉球救国倾注了大量心血。竹原孙恭通过我那霸孙著的书简已经弄明白了。我那霸孙著属于先岛居民，而先岛处于琉球国的边境地区，通过这份材料可以看出当时先岛居民面对"琉球处分"的危机，如何自我认知，如何投身琉球救国运动中去的，也是非常有价值的研究。

我那霸孙著这样的许多先岛士族在琉球救国运动中应该如何定位，是今后需要探讨的重要课题，而这里需要特别指出的是与琉球分岛问题相关的请愿书（二十一）中应该注意以下几个线索。

一、文中指出"敝国所属八重山岛官吏（宪英演）"亡命于福州，宣传琉球救国的诉求。宪英演亡命于福州的时间是 1883 年 7 月 11 日（光绪九年六月八日），毛凤来则比他早一年多来到福州。毛凤来与宪英演在"琉球处分"签的 1874 年（同治十三年）到 1875 年在制作《八重山规模账》时有过紧密的合作，应该是老朋友了。[1] 毛凤来在决心反对琉球分岛方案后，在流亡大清国途中经过宫古、八重山两岛，受到了宫古士族的热烈欢迎。八重山的士族也应该同样非常欢迎他。毛凤来与老友宪英演商讨直接从八重山去大清国派请愿代表团的事情应该就在这个时候。"阖岛会议"的结果，第二年六月份，宪英演等人作为八重山的请愿代表来到福州。这时毛凤来正在北京向总理衙门请愿，在福州的琉球救国运动的领袖是向德宏。宪英演向向德宏传达了八重山士族的请求。那么请愿书（二十一）提交给福建当局的动机就是因为宪英演等人的要求。

二、需要注意请愿书中有这样一段话，"并闻太平山岛官不日亦将来闽，其余各属岛均不屈服于日，上自内地，下至外岛，敌忾同仇"。陷入分岛问题漩涡的不仅是八重山，宫古岛及其他岛屿也不会屈服于日本政府的"琉球处

---

[1] 竹原孫恭：《城間船中国漂流顛末：八重山・一下級士族の生涯よりみた琉球処分前後》，竹原房，1982 年，第 102 頁。

分"政策，请愿书指出不久将派遣请愿团来福州，毛凤来在流亡中国的途中，经过宫古、八重山的说法与事实吻合了。但是对于是否真正从宫古岛派遣了请愿代表团还不是很清楚。

应该注意的是，在请愿书（二十一）中八重山士族宪英演等人说"奏请迅赐兴师征日，复君复国"，首里士族向德宏则说"敝国所属八重山岛官吏宪英演"，或者"八重山、太平两岛亦受王化贡入敝国"，由此可见，他们依然将先岛作为琉球的属岛或外岛。

关于请愿书（二十一）岛尻胜太郎在他的《八重山与脱清人》[1]中已有论述。岛尻胜太郎将宪英演作为"我那霸孙著和同船的八重山人"来认知，认为我那霸孙著和宪英演不仅仅是简单的漂流到中国，而是接受到龟川、浦添等上级官员的命令后行动的。我那霸孙著到达福州的时间是 1882 年 6 月，宪英演则是一年后的 1883 年 6 月份到达福州，两个人在时间来看也不可能乘坐同一条船。再者，我那霸孙著的确是漂流民，而宪英演才是真正的政治流亡。

请愿书（二十一）的确提交给了福建当局官员，但具体交给谁还不十分清楚。

---

[1] 岛尻勝太郎：《八重山と脱清人》，《琉大史学》第 13 号，琉球大学史学会，1983 年。

第二十二封

请愿书主题：

向文光（特使、前进贡使）等人向礼部恩承徐桐等提交的请愿书，他带着琉球国王交给他的密函逃往到中国，指出琉球亡国后的各种惨状，请求上奏朝廷向日本派遣远征军挽救琉球危亡。光绪九年十一月四日

请愿书校注：

具禀。琉球国陈情陪臣，紫巾官、前同治七年进贡正使耳目官向文光等，为现想（号恳）恩一（准）奏请天恩（威）严，行天讨，迅赐复全土，归孤生（主），永守藩封，以修贡典事。窃照敝国，世列天朝屏藩，叠蒙圣世怀（怀）柔，鸿恩贡有加无已，恪遵会典，间年一贡，罔敢愆期，已经二百余年之久。讵于光绪元年日久（本）禁阻进贡，又杜天朝各大典。又于光绪五年，该倭（日本）竟然亡灭宗社，因（囚）羁孤王暨世子。罹毒受辱，卧薪尝

胆（瞻），五年于兹矣。且日人所行苛政，日甚一日，阖
国人民，苦其暴行，父离子、子离父，朝夕不胜悲观之至。
况顾日人燋（虺）蝎心肠，鬼蜮行径，敝国主暨世子，既
有刻刻失措之忧，而臣民又时时遭其荼毒。现刻盼望天威，
责审日罪，以复藩邦，犹赤子之恃其父母，而日急一日也。
敝国主业于光绪三年暨八年遣拔（拨）紫巾官向德宏、法
司官毛凤来等，先后赍捧密咨来闽，再三禀请。叨蒙宪谕
静候，未知赐议（救）援在何日哉。业于本年八月间，众
官密饬官吏马必选等，饰为飘风来省，傅知留闽省者，恳
请早赐救援。荷蒙宪恩，已与光等先后安插馆驿，惟光等
本年七月问（间），奉国主傅谕，捧赍（等）密咨来闽，
呈缴藩宪详情（请），并禀恳督抚两院宪，据情具奏外，
一面雉髪改装，赶赴（程）北上，号恳救难。犯法之罪，
有所弗辞。伏思国家亡灭以来，如前所陈，生民之涂炭已
极。而敝国主痛受苦辱，为臣子者，岂忍坐视哉？肝肠裂
碎，千思万虑，无策可施。俾敝国主暨世子，罹此辱难，
此即臣子忠爱未竭之所致，而其罪不轻，深怀（怀）惭愧，
惟是同系圣朝赤子，岂忍甘束手待毙哉？苟非仗圣天子之
赫威，无（从）另有筹策。除禀总理诸位大人外，伏乞礼
部大人仰体皇上复载之至仁，俯察（察）日人烦苛之猛政，
据情奏请，圣朝声威亟赐天讨，复国复君，永为中朝一（藩）

99

属，仍修贡职，以守封疆，而奉宗社。则上至国主，下及臣民，亿万千年均戴皇恩宪德于无既矣。切禀。

光绪九年十一月四日（1883 年 12 月 3 日）

文献来源《清季外交秘史》三七卷；外务省外交史料馆藏《清国外交秘史》卷三。

请愿书分析：

据冲绳县政府掌握的信息，1882 年到 1884 年期间琉球士族阶层逃往亡中国的事件到达了高峰。当然这些事情的发生不是偶然的，是当时的国内外形势使然。

第一、从日本新设置的冲绳县内的情况来看，县令上杉茂宪已经开始县政改革，琉球士族有丧失既得权益的危机感；

第二、随着中日两国分岛改约案的进行，琉球问题要解决的可能性增加，琉球士族对琉球即将被分割的危机感增强；

第三，日本国内自由民权运动高涨，明治十四年政变后，明治政府陷入政治经济上的双重困难，琉球问题上也存在让步的可能性；

第四、朝鲜的壬午政变、甲申政变以及针对越南问题的中法战争，让琉球人认识到琉球问题与朝鲜、越南具有相似性，期望中国能在琉球问题上采取更积极的策略。

因国内外形势越来越紧张，逃往中国的琉球士族也随之增多，而日本政府也开始对他们进行残酷的镇压和追捕。1882年包括富名腰朝卫（首里士族）在内的25人被抓捕，1883年包括浦添朝忠（首里士族）在内的42人被抓捕。[1]这些只是有官方记录的被抓人员，而如果再计算上没有被日本政府抓到的流亡者，可以想象参与或支持琉球救国运动的琉球人数量相当可观。他们积极投身到反抗日本侵略事业上，除了想要解救琉球人民于亡国灭种的危险中，更重要的是他们对清政府派兵征讨日本侵略者充满了期待。

请愿书（二十二）中署名人之一的向文光也在1883年7月，奉国王之命秘密来到福建，并且北上赴京，在同年11月将请愿书（二十二）提交给了礼部。那么向文光是否在日本政府（冲绳县当局）的掌控中呢？前所述面的《脱清人明细表》中偷偷来到中国的琉球人物有向有德、富盛朝直（汉名不详）、向德裕、金培义、棚原正纯（汉名不详）、国头正善（汉名不详）、金昌兆7人。三个汉

---

[1] 冲绳县教育委员会编：《冲绳县史》卷13，公文2《脱清人明细表》，1966年。

名不详者里有没有向文光还没办法确认。与向文光名字对应可能性最大的是富盛朝直，但也可能向文光的琉球名字叫"富岛亲云上"，是根据《林氏家谱》来的。如果"富盛朝直"与"富岛亲云上"是同一人的话，说明向文光也在明治政府（冲绳县当局）掌控的名单中，如果不是同一人，就是没有掌控的亡命于中国的人物。从《脱清人明细表》中记录来说"明治十六年九、十月份，向清国偷渡"，向文光自己的话说"本年七月来闽"，从两个时间段来看不能对应，所以"富盛朝直"与"富岛亲云上"应该是两个不同人物。

通过史料来看礼部接收了向文光提交的请愿书（二十二）。《清季外交史料》卷三十七（光绪九年十一月）和外务省外交史料馆藏《清国外交秘史》卷三种均有收录，但两者收录中有一些字句的不同。比如，前者请愿书中有"伏乞……赐天讨复国复君。永为中朝藩属，仍修贡职，以守封疆，而奉宗社"，后者"永为中朝一属"，两者有一些差异。从后者来看，向文光等人通过恳请将琉球归属大清专属藩国是为了火速解决琉球问题。琉球士族阶层是不是想放弃原来国家属于中日两国藩属的构想，将大清国专属作为新的国家构想，这需要从琉球救国运动的多个方面进行探讨。假设主张专属大清，意思是琉球国并入大清，根本不是国家构想，这样实际上的策略是想让大清阻止日本搞"琉球处分"，因为主张"专属日本"才导致日本以此为借口企图吞并琉球，这样惨痛的教训想必流亡到中国的琉球人更有深刻体会，他们肯定不想再犯同样的错误。

第二十三封

请愿书主题：

向德宏（紫巾官）等人请求督办福建军务的左宗棠，请求调配在越南对抗法国的大军，征讨日本侵略者的请愿书。光绪十年十一月

请愿书校注：

具禀。琉球国陈情陪臣，紫巾官向德宏等，为泣恳俯准据情奏请皇猷严伸天讨，迅赐复国归君、永守藩封以修贡典事。窃敝国于光绪元年，惨遭日难，阻贡天朝及庆贺皇上登基极各大典。奈弱小之邦，力难与抗，敝国主特命德宏赍咨赴闽。沥恳（督抚）宪具奏，奉上谕："著总理衙门傅知出使日本大臣，相机妥筹办理，钦此。"[钦] 遵留闽守候。讵料日人悍然不顾，光绪五年间，竟废敝国为冲绳县，拘去敝国主及世子，占侵敝国全土。君民上下，受其荼毒，惨迫情形，不堪言状。宏闻信惨恸不已，薙发

改妆，星夜奔走，匍叩李中堂相府。蒙谕准为办理。嗣因钦差侯中堂驾莅津门，宏复叩辕禀见，蒙傅谕候回京办理。遵足见候（侯）中堂为朝廷之桂（柱）石。兹以法事节钺临闽，德威所播，自塞法心。况日人于敝国及朝鲜，先肆蚕食故，法人于越南，即欲鲸吞。乃朝鲜、越南均蒙保护，敝国效顺二百余年，一旦为日所灭，宗社永为邱墟，君民久罹荼毒，惨无天日，忍辱偷生，惟有仰仗天朝拯救耳。人穷迫则呼天，疾痛则呼父母，为此冒死沥陈，泣恩侯中堂体皇上怀柔之至仁，悯属国灭亡之惨恸，奏请皇上广德，被越南之宏恩，复波及于敝国。移征讨法夷之天兵，以讨平乎日人。日虽狡焉思逞，必鉴法递之前车，慑服听命。俾敝国全土可复，旧君得归，永修贡典，长作外臣，是有国之年，永沐皇上恩施，皆出侯中堂之赐也。上自国主，下至臣民，生生世世，顶戴皇上宏恩宪德于无既矣。临禀泣血，不胜延颈待命之至。切禀。

光绪十年十一月具禀（1884 年 12 月亦或 1885 年 1 月）

琉球国陈情陪臣紫巾官 向德宏

宗室按司 向有德

都通事 郑辉煌

前进贡京回都通事 蔡德昌

代办存留事务 金德辉

文献来源："国立中央研究院近代史研究所"藏《清季外交档》之"琉球档"。

请愿书分析：

与琉球问题几乎同时出现的还有中俄之间关于新疆伊犁的问题。1871 年（同治十年），新疆回部叛乱，俄国借故举兵侵占伊犁全境，陕甘总督左宗棠始终主张对俄强硬，最终以武力平定叛乱成功收复了伊犁。但清政府考虑到与俄的外交谈判，所以在 1880 年将左宗棠召回北京，但左宗棠作为清政府对外强硬的代表性人物受到关注。此时，俄国舰队为了封锁辽东地区海域，强化了天津、山海关的防御，[1] 因此左宗棠也有可能会来天津。

向德宏是请愿书（二十三）上的署名人之一，当时他正在天津向李鸿章不断请愿，努力寻求琉球复国的方法，这在前面的请愿书三、四中也有论述。此时的向德宏肯定非常期待左宗棠的天津之访。请愿书（二十三）中所述"钦差侯中堂，莅驾津门，宏复叩辕禀见云云。"应该符合事实。但关于怎样解决琉球问题上，左宗棠的回应我们无法得知，但从正常的外交常识来看，李鸿章和总理衙门才是

---

[1] 郭廷以：《近代中国史事日志》第一册，中华书局，1987 年，第 670 页。

主管单位，左宗棠不能直接插手外交事务，因此即便左宗棠想对日强硬也是力所不及的。

在此期间，中日之间签署了《琉球分割条约案》，处于换文、批准状态，林世功对此以死抗议，壮烈殉国。1881 年秋，向德宏撤退到天津，随后又返回福州，在以后的三年中他在福州继续从事琉球救国运动。但这时中法两国围绕越南问题日趋紧张，1883 年 8 月法国军队进攻越南顺化，越南告急。10 月 9 日，何如璋被任命为福建船政大臣，到福州赴任。[1] 何如璋曾担任中国第一任驻日公使，在日本有三年的工作经验，与琉球问题也有很深的渊源，在琉球问题上他主张采取强硬措施。对于何如璋到福州赴任，向德宏等人肯定是充满期待的，在琉球救国问题上也应该是竭尽全力。而何如璋对琉球问题也非常关注，可惜何如璋在福州的时间只有一年左右，很多想做的事情还没来得及做。1884 年 8 月 23 日法国军舰突然袭击中国福建水师军舰，引发了马江战役，最终以福建水师的惨败告终，这样主张强硬的何如璋受到了牵连，9 月 7 日，被召回北京，之后被贬职处分到张家口驻防。同日，清政府派左宗棠为钦差大臣督办福州军务。9 月 15 日，左宗棠

---

[1] 钱实甫：《清季新设职官年表》，中华书局，1961 年，第 72 页。

从北京出发，10 月 14 日到达南京，而且还率领军队 5000
人，按此计算 11 月份应该能到达福州。而请愿书（二十四）
中"宏等于光绪十年十月初二日，叩谒辕下泣恳复国复君"，
光绪十年十月初二日，按照阳历应该是 1884 年 11 月 19 日，
但是请愿书（二十三）中署名日期是光绪十年十一月，阳
历应该是 12 月份，这样在时间上是不合理的，有可能是
请愿书抄写时产生的笔误。

左宗棠对外也是强硬派，把他派往福州，同样给琉球
人带来了希望。因此，向德宏等人抓紧起草并提交了请愿
书（二十三）。在这个问题上应该注意以下几点。

第一，请愿书中提及了朝鲜问题、越南问题与琉球问
题的关联性。文中有"况日人于敝国及朝鲜，先肆蚕食故，
法人于越南，即欲鲸吞。乃朝鲜、越南均蒙保护，敝国效
顺二百余年"的控诉，对事情的本质解析透彻、敏锐，对
当时的地缘政治格局解析清晰明了。日本趁中法战争之际，
策划"琉球处分"，并将此变为既成事实，逼迫清政府承
认这些改变。另外，1884 年 12 月 4 日发生的甲申政变同
样有日本的支持，其目的不言而喻。

第二，请求清政府派遣征讨日本的大军，文中有"奏
请皇上广德，被越南之宏恩，复波及于敝国。移征讨法夷
之天兵，以讨平乎日人"的期待，也就是既然朝鲜、越南

出现问题时大清国会出兵帮助解决危机，中国与琉球的宗藩关系已经有几百年时间，中国出兵解决琉球应该是顺理成章的，而现在琉球却没有得到保护，他们对此心有不甘，而且他们对大清帝国的衰落以及在中法战争中的不败而败的情况选择视而不见。

同时，在 1884 年 11 月 29 日，从中国返回琉球的金昌兆（吉田安繁）带回了向德宏写给神山庸荣的书信，在信中为了鼓舞琉球岛内的士族阶层，向德宏故意在书信中将一部分情报和事实歪曲，但是信中也指出中法战争中清政府胜利，法国失败，法国因此会逐渐走向没落。因此，向德宏等人才提出请求将征讨法国的中国军队，调往琉球征讨日本。据从中国返回琉球的琉球人供述，"左宗棠希望在中法战争结束后于日本政府谈判，特别指出只要战争已结束马上进行谈判，还请再稍等些时日。" [1] 应该注意的是，请愿书中内容与归国的琉球人的供述内容不同。请愿书中希望清政府派远征军武力解决琉球问题，而供述中则说要通过中日之间的外交谈判来解决。

---

[1] 冲绳县教育委员会编：《琉球人龟川盛栋讯问调书》，《冲绳县史》卷 15，第 374 页。

第二十四封

请愿书主题：

向德宏（紫巾官）等人向督办福建军务左宗棠，提交鉴于中国有成功解救朝鲜、越南的先例，请求向日本派遣远征军，琉球人充当先锋的请愿书。光绪十一年二月二十四日

请愿书校注：

具禀。琉球国陈情陪臣，紫巾官向德宏等，为下情迫切，泣恳恩准据情奏请皇猷迅赐兴师门（问）罪，还复君国，以修贡典事。窃宏等于光绪十年十一月初二日，叩谒辕下，泣恳复国复君。初七日，谨奉宪批，足见皇上怀柔之至仁。老中堂奠安寰宇，不置敝国于度外，感激无地。理宜战兢待命，何敢屡渎？乃近日住日华商，旋闽之便，接诵敝国密缄，内云："日人又掠迫敝国主拘禁日京，且令敝国主招回住在中国各使臣，敝国主不敢听从"等情，前来。宏等阅信之下，肝胆崩裂，痛不欲生，所以暂延残喘，此仰仗天朝援拯耳。

恻念敝国势处迫不及待，而又遭朝廷海防紧要之时。嗟乎！寡君无罪，久羁敌国，为臣子者，能不痛心？此所以不敢言而不能不言也。窃窥日人发祸之初，先与台地试其端，继于敝国行其虐。遂于朝鲜逞其暴，而法夷亦侵越南。彼此同是天朝赤子，遭其荼毒，今且拘寡君以去矣。若复任其横行，彼将谓天朝置敝国于度外，遂生不测之变，非特数百年国脉而斩，其祸更不可知者。伏惟侯中堂入赞机宜，出总军务，圣朝柱石久，已上俞下颂。幸视师闽中，敝国正在辖下，为此沥情再匍叩，爵相呼号，泣血恳求恩怜惨情，迅赐奏明皇上，简派兵轮船二三艘，先往敝国，问罪日人。敝国虽懦，人民久矢敌忾同仇，仰见王师下临球境，自当揭竿斩木，效死前驱，尽逐日人出境。有德并在馆人等，稔知向德宏于敝国与日本交涉事件，并于日本风土人情，诸详知悉。倘蒙俯准，宏愿竟（充）为乡导，庶乎日人狡逞之心，从此而戢。俾敝国主得归，宗社亡而复存，非特敝国君民永戴圣朝无疆之德，且与国共安于光天化日之下。是有国之年，仰沐皇上恩施，实出侯中堂之赐也。敝国上自国主，下至臣民，生生世世，感戴皇恩宪德于无既矣。谨禀。

光绪十一年二月二十四日（1885 年 4 月 9 日）

具禀

琉球国陈情陪臣紫巾官 向德宏

宗室按司 向有德

前进贡京回都通事 蔡德昌

都通事 郑辉煌　代办（存）留事务 蔡以让

文献来源："国立中央研究院近代史研究所"藏《清季外交档》之"琉球档"球案文禀钞存。

请愿书分析：

向德宏等人在 1884 年 11 月 19 日，"叩谒（左宗棠）辕下"，在提交请愿书（二十三）五个月后，再次提交了请愿书（二十四）。在此期间中法战争结局已经初见端倪。马江战败后，左宗棠被任命为督办福建军务，去福州赴任迎接中法战争的最终战局。关于这段时期的形势，根据郭以廷所编的《近代中国史事日志》可以大体了解。

1885 年 1 月 23 日，朝廷批准左宗棠借外债 400 万两，购入轮船，向台湾输送兵力。

同年 2 月 12 日，中法两国军队在谅山附近激战。

同年 2 月 15 日，台湾援军的南洋舰船，在浙江省石浦被法国舰船击沉。

同年 2 月 20 日，左宗棠、杨昌濬与旗昌洋行，汇丰银行签订总额为 400 万两的借款合同。

同年 2 月 23 日，法国军队攻破镇南关。

同年 3 月 5 日，在基隆的法国军队攻陷月眉山，刘铭传从淡水出动援军。

同年 3 月 24 日，法国军队进攻临洮，岑毓英击败法军。法军再次进攻镇南关，老将冯子材全力奋战，击败法军。

同年 3 月 29 日，冯子材率军包抄谅山，大败法军。

同年 3 月 31 日，法国总理茹费理辞职，内阁倒台。法军占领澎湖岛。

同年 4 月 4 日，中国海关驻伦敦办事处主任金登干和法国外交部政务司司长毕乐在巴黎签订了《巴黎协定书》。

同年 4 月 13 日，光绪批准了《巴黎协定书》，并根据天津草案基础上确定条约具体条款。

同年 6 月 9 日，签订《中法天津条约》，大清放弃对越南的宗主国权利。

同年 8 月 13 日，左宗棠卸任督办福建军务，返回家乡。

同年 9 月 5 日，左宗棠在福建去世。

通过中法战争的过程，对两国战争的情况应该有大体的了解。从军事上虽然法军在台湾海面上占据优势，但在越南战线上在收到清军大举反击下处于劣势。但越南的优势并没有为大清在外交上占据优势，最终签订《中法天津条约》，大清放弃了对越南的宗主国权利，大清在世界战争史上出现了不败而败的奇特局面。

中法战争的同时，朝鲜的情况也不容乐观。为了防止法军北上，大清将驻守在朝鲜京城的部分军队调往辽东半岛。趁这个机会，日本介入朝鲜内政，朝鲜独立党在1884年12月4日发动了甲申政变。但是政变被清军迅速镇压，金玉均、朴泳孝等主要成员流亡日本，日本在朝鲜的影响力受到严重打击。为了处理甲申政变的善后，恢复日本的影响力，日本参议宫内卿伊藤博文被派往天津。在天津从4月3日到18日伊藤博文与李鸿章进行了激烈的交锋，最后在4月18日签订了《中日天津条约》。[1]

请愿书（二十四）提交日期是1885年4月9日，正是中日两国在朝鲜问题上激烈交锋的时候，而且《中法天津条约》也在4月4日刚刚签署，正处于一场战争刚刚结束，要解决另一场战争的谈判中。在请愿书提交的4月9日，张之洞严令"停战撤兵"。[2]

而向德宏等流亡的琉球人以为朝鲜、越南的一系列战争和外交方面的情形都是大清的胜利。在请愿书（二十四）中向德宏根据台湾事件（1874年日本侵略台湾）、"琉

---

[1] 坂野正高：《近代中国政治外交史 ヴァスコ・ダ・ガマから五四運動まで》，東京大学出版会，1973年，第390—391頁。
[2] 郭廷以：《近代中国史事日志》第一册，中华书局，1987年，第777页。

球处分"、壬午甲申政变、中法战争的关联性进行了观察，另一方面，他们认为朝鲜、越南都因为大清的军事介入而阻止了日本和法国的侵略，所以他们请求向琉球派遣军舰两三艘，打击日本人的侵略。如果大清真派兵的话，向德宏登流亡的琉球人决心做打击日军的先锋。

第二十五封

请愿书主题：

向德宏（紫巾官）等人向督办福建军务左宗棠提交的请愿书，陈述了琉球列岛在战略上的重要性，请求向日本派遣远征军光复琉球国的请愿书。光绪十一年二月二十四日

请愿书校注：

琉球国陈情陪臣，紫巾官向德宏、按司官向有德等，再具密禀，谨陈管见。窃以四海趋开化，敝国遭灭亡。日本岂惟欲敝国一遇（隅）之地？其心势必大有为。盖外夷海道，与中国所属之琉球、朝鲜、越南以及台湾，内地近可相通。狡焉思启者，必日本为首。先法夷越南之役，日亦为之助，固其验也。敝国虽孤悬海外，自闽台湾经敝国属岛八重山、太平、姑米、马齿等山，直达琉球，实与中国气脉贯通，外各国往来中国者，均通敝国洋面。道光年

间，有荷兰国人来敝国，要买连天之地。窥其意，盖欲作为马头，招集泰西各国船只，为交易之所。日人据有敝国，亦欲擅其利也。日性贪欲，得陇望蜀，敝国南边属岛与台湾相距仅四百里。倘日本屯兵于此，以张其势，非独台地之患，法夷与之串通，亦大得力。越南及中国南边海岸，几为吃亏。倘蒙俯准，简派兵轮船前往敝国，申讨日罪，敝国海道颇为艰难，已选熟习水道者留闽，以备引导。陆地则首里城郭，地势高耸，城垣颇坚，现虽为日所据，日兵不过一二百人，预遣干员入城，尽驱出城。人民久苦日虐，敌忾同仇，亦当效死从事。若日船轮船续到为助，则彼国空虚，中国自上海、天津等处，直取日本，攻其无备，易如反掌。日本既震天威，诸夷之阴谋自戢。即欲妄有生心，苦于海道辽远，亦有所禁而不敢发。是征一启乱之日本而示威，拯既灭亡之琉球而示惠，则一举而威惠两全。且前明万历年间，日本侵入敝国，占去北边大岛等数岛。大岛则日船往来敝国所取便，并各国船只由日之神户、大阪等处开洋来中国福州、广东等处所取道，其地又关紧要，老中堂乘办理敝国事之便，使大岛等数岛仍旧隶入敝国，则日船往来敝国并中国南边各处，先所凭藉，船行乏困，自不敢任意往来。从兹海氛静息，朝鲜、越南等处相安于光天化日之下，兹再存图。不惟敝国之幸，事关正大，敢冒死献刍荛之见，当否俯赐裁夺。谨附琉球全图一副，恭呈钧览，无任悚惶延颈待命之至。密禀。

光绪十一年二月二十四日（1885 年 4 月 9 日）具密禀

琉球国陈情陪臣 紫巾官 向德宏

按司官 向有德

文献来源："国立中央研究院近代史研究所"藏《清季外交档》之"琉球档"球案文禀钞存。

请愿书分析：

请愿书（二十五）与前一份请愿书同一天（1885 年 4 月 9 日），由向德宏、向有德联名提交给督办福建军务左宗棠。

围绕越南的中法战争的战后处理方面的进展，向德宏想通过提出请愿书（二十五）来借着解决越南问题的余温，有可能会帮助解决琉球问题。并且向德宏通过这个机会将大清的眼球吸引到琉球问题上，这份请愿书才强调琉球列岛在地理上、军事上的重要性。

琉球列岛的重要性不用向德宏强调，在中法战争期间已经显现出来了。比如，1884 年 10 月中法战争正在发生时，法国报纸有如下报道：

我们（法国人）的要求是在散布于台湾近海所属模糊的宫古岛设置修船厂和临时医院，以备今日急用。[1] 为了在台湾战线上占据有利地位，法国计划在宫古岛设置船舶修理厂和战场伤员临时医院。[2]

1893 年勘察琉球列岛的笹森仪助向八重山的官员询问"是否有外国船只来航"，回答中法战争时两国舰船都曾在与那国岛近海抛锚停船。[3] 可以推测琉球群岛中临近台湾的各岛屿的重要性，无论法国还是大清都意识到了。虽然法国想在琉球诸岛设立船舶修理厂和医院的企图没有实现，但是法国认为琉球诸岛是所属不清的岛屿。同时，法国想与日本形成作战同盟共同对付大清。

早在第一次鸦片战争之后法国就发现琉球诸岛的地理位置非常重要。[4] 虽然法国企图将琉球本岛北部的运天港作为东西方贸易的据点的野心没有实现，但是琉球在战略上的重要性已经在世界贸易层面被放大。请愿书（二十五）中向德宏指出琉球不仅在军事战略上非常重要，而经济贸易上也很重要，这种观点还是很有说服力的。

[1] 田代安定：《八重山島取調始末外編》，成城大学，柳田文庫。
[2] 三木健：《田代安定と近代八重山》，《八重山近代民衆史》，三一書房 1980 年。
[3] 笹森儀助：《南島探験》，笹森儀助，1894 年，第 300-301 頁。
[4] 島尻克美:《仏船来琉事件と薩摩藩の貿易構想》，球陽論叢，1986 年。

　　值得注意的是请愿书（二十五）中提到了返还"岛津侵攻琉球事件"（1609 年日本摩萨藩岛津氏入侵琉球）后所占据的奄美大岛诸岛的要求。这些岛屿已经被萨摩藩侵占了 200 多年，却在"琉球处分"事件中被再次提起。他们想将奄美诸岛列入琉球的范围，可以说是琉球人民民族意识的觉醒，琉球王国原本想同时维持与中国和日本的和平关系，在夹缝中求生存，但日本不断蚕食琉球领土使琉球人民产生了强烈的危机感，于是寻求中国帮助顺理成章。而此时的中国已今非昔比，大清帝国逐渐走向衰落，日本则依靠明治维新崛起于东方，这两种情形形成了鲜明的对比，这样琉球救国人士希望依靠地缘政治挽救琉球王国的愿望也只是一种空想。虽然这种民族意识显得微不足道和幼稚，但他们也是近代追求进步，救亡图存的有益尝试。

第二十六封

请愿书主题：

向德宏等人向闽浙总督杨昌濬提交的请愿书，因中国有成功解救朝鲜、越南的先例，请求向琉球派遣援军，由亡命琉球人充当先锋的请愿书。光绪十一年二月

请愿书校注：

具禀。琉球国陈情陪臣，紫巾官向德宏等为下情迫切，泣恳恩准据情奏请皇猷，迅赐兴师问罪，还复君国，以修贡典事。窃宏等于光绪十年十月十七日，叩谒辕下，泣恳复国复君。十二月初八日，谨奉宪批"现在法事正棘，办理海防，势难兼顾。暂从缓议。"等因。由司转札福防廳知照，前来。奉此，理宜静候。惟近日住日华商旋闽之便，接诵敝国密函，内云："日人又掠迫敝国主，拘禁日京，且令敝国主招回住在中国各使臣，敝国主不敢听从。"等情。宏等阅信之下，肝胆崩坏裂。恻念敝国虽孤悬海外，

久沐天恩，宏等生不愿为日国属人，死不愿为日国属鬼。寡君无罪，久羁於日，为臣子者能不痛心？所以暂延残喘者，仰仗天朝援拯耳。若再旷日持久，恐人迫害敝国主。宏等徒死于日人之手，曷绝食死于辕下？此所以不敢言而又不能不言者也。窃窥日人发祸之初，先于台地试其端，继于敝国行其虐，遂于朝鲜呈（逞）其暴，而法夷亦侵越南。同是天朝赤子，遭其荼毒，今且拘寡君以去矣。若复任其横行，彼将谓天朝置敝国于度外，遂生不测之变。非特数百年国脉从是而斩，其祸更不可知者。幸值侯相老中堂视师闽中，宏等历经叩谒相府，沥情泣恩救难，令（今）再除禀抚宪暨藩宪防宪详请外，不得已冒叩辕下，呼号泣血，恳求都宪左大人恩怜惨情，会同侯相左中堂迅速奏明皇上，简派轮船二三艘先往敝国，问罪日人。敝国虽懦，人民久矢敌忾同仇，仰见王师下临球境，自当揭竿斩木，效死前驱，尽逐日人出境。有德并在馆人等，稔知向德宏於敝国与日本交涉事件，并于日本风土人情，能详知悉。倘蒙俯准，宏愿竟充为乡导，庶乎日人震慑天威，狡逞之心从是而戢。俾敝国主得归，宗社亡而复存，非特敝国君民永戴圣朝无疆之德，且与国共安于光天化日之下。是征一发乱之日本而示威，拯既灭亡之琉球以示惠，一举威惠两全也。敝国有国之年，仰沐皇上恩施，实出老大人之赐。上自国主，下至人民，生生世世，感戴皇恩宪德於无既矣。须至禀者。

光绪十一年二月（1885 年 3 月亦或 4 月）具禀

代办（存）留事务 蔡以让

陈情都通事 郑辉煌

陈情陪臣宗室按司 向有德

琉球国陈情陪臣紫巾官 向龙光

陈情陪臣紫巾官 向德宏

前进贡京回都通事 蔡德昌

陈情都通事 郑辉炳

陈情通事 杨绍荣

文献来源："国立中央研究院近代史研究所"藏《清季外交档》之"琉球档"球案文禀钞存。

请愿书分析：

请愿书（二十六）与前面的（二十四）（二十五）差不多同时期拟定好的。请愿书（二十六）与前面的（二十四）有许多相似性，内容也几乎相同。例如，1. 在日本的琉球商人回福建时，将琉球国王的密函交给流亡在中国的琉球人。2. 日本的侵略从"征台之役"开始，然后扩张至琉球、朝鲜，又诱使法国侵略越南。3. 像越南、朝鲜出现问题，大清国会迅速派兵解决问题，琉球也属于大清国册封国之一，也希望大清派兵救援琉球。4.如果大清派兵到琉球，这些亡命海外的琉球人会做清军的引路先锋。5.清军到来的话，琉球岛内人民也会群起反抗，追击日本军队。文章在表达上九成以上句子都差不多，但不同点是请愿者署名和请愿书接收人。只在请愿书（二十六）上署名的是向龙光、郑辉炳、杨绍荣三人，其他五人（向德宏、蔡德昌、蔡以让、郑辉煌）在请愿书（二十六）和（二十四）上都署名了。请愿书（二十四）中接收人是督办福建军务左宗棠，请愿书（二十六）写到"今再除禀抚宪暨藩宪防宪详请外不得已冒叩辕下，呼号泣血，恳求督宪左大人恩怜惨情"，可能是写给总督的。但是光绪十一年二月份的闽浙总督是杨昌濬，左大人并不是指左宗棠。可能是杨大人写成左大人的笔误。总之，亡命于中国的琉球人想通过督办福建军务的左宗棠，总督、巡抚、布政使、驻防大臣等地方官员，争取一切机会提交请愿书，获得琉球复国的一线生机。

第二十七封

请愿书主题：

向龙光（陈情陪臣紫巾官）等人向督办福建军务的左宗棠，陈述琉球在日本统治下的惨状，鉴于中国妥善处理了朝鲜甲申政变，希望中国帮助琉球谋划解决琉球问题，如果日本不让步的话，请求中国派遣远征军竭尽全力帮助琉球复国的请愿书。光绪十一年三月

请愿书校注：

具禀。琉球国陈情陪臣，紫巾官向龙光等，为国灭主执，待拯孔急，泣恳据情具奏，迅赐复国复君，以修贡典事。窃敝国叨蒙，代膺王爵，世列屏藩，会典恪导（遵）二年一贡，二百余年于兹矣。讵料光绪元年，日人乃竟阻进贡、庆贺各大典。复于光绪五年率兵侵入敝国，灭宗社、囚孤主。阖国臣民，被迫父子离散，号泣载途。异惨曷极！刻君民翘首北望，惟翼天威大震，正日罪以复藩邦，不啻大旱之望云霓焉！

前敝国主为宗社计，会遣使臣赍持密咨来闽，请援至再至三。众官等为君国计，亦屡遣官吏傅知留闽使臣，沥情禀请。呼吁之情甚至，均未蒙办理。由是陪臣宗室按司向有德、紫金官金培义等先后来闽陈情，匍匐列宪，恳请具奏，迅赐援师以苏水火。节蒙宪谕，各宜静候。是国家灭亡以来，君辱民伪，日甚一日。客岁七月，该日人使敝国主依限归国，限期甫满，日人即催促赴日。且日官又严令各村岛妇人，留置教堂受教，间有不遂者，即勒其兄父召之。被辱之事，不堪屡述。十月间，又将由闽归之紫巾官及官吏跟随等甘余人下狱，痛拷责以请援之罪。径行无忌，极然！敝国虽孤悬海外，固与朝鲜、越南同为天朝属国，世修贡献。日人以敝国贡献故，敢阻敝国、侵敝国、苛勒敝国、翦灭。敝国之君卧薪尝胆，敝国之官民泣血饮恨。虽势穷力竭国亡，而心终未亡。所以冒渎求援者，惟愿长庇天朝宇下也。尤以皇上怀柔之至仁，中堂奠安之略，必不置敝国于度外。引领待命，知必重沐恩光。刻下待者久待，迫者愈迫。敝国生不愿为日国属人，死不愿为日国属鬼，又不忍住以待毙。光与众官等并前任国相、法师彼此参议，计无所出，惟有渎恳天朝而已。故率都通事郑辉炳等，坐驾土小船，于本年二月二十四日夜，在本国与那原津开船，三月初三日到驿。闻越南解国，法夷有求和之意，朝鲜之事，日使已进京矣。一震天威，不难成议。而敝国尚未知如何办理，兹特沥情泣恳中堂俯怜，之（敝）国之惨，据情具奏，乘此日使在京。议朝鲜事，请将敝国之事一并受（论）议。倘日人仍然狡逞，乞天朝迅赐援师振奋处霆，扫清云雾。敝国得复国复君，永修贡典，亿万年长荷天恩，实亦中堂之赐也。切禀。

光绪十一年三月（1885 年 4 月亦或 5 月）具禀

琉球国陈情陪臣

蔡以让

郑辉煌

向有德

向龙光

向德宏

蔡德昌

郑辉炳

杨绍荣

文献来源"国立中央研究院近代史研究所"藏《清季外交档》之"琉球档"球案文禀钞存。

请愿书分析：

这份请愿书有八人署名，这次最主要的人物是向龙光。

可以推测向龙光与津嘉山亲方一同一个人，向龙光是他的汉名而已。

根据这份请愿书记录，向龙光在 1885 年 4 月 27 日（光绪十一年三月三日）带领"都通事郑辉炳等"五人来到福州。在琉球国内救国运动的最高领导者之一的向德龙也流亡到中国，为琉球救国运动迎来了新的转机。

确实 1884—1885 年对琉球救国运动是一次转机。从国际形势来看，在越南的中法战争，在朝鲜的甲申政变等，将东亚国际局势搅动的异常紧张，这在很大程度上左右了琉球问题的发展方向。中国在越南问题、朝鲜问题上的迅速的军事行动，让琉球士族倍受鼓舞，他们认为与朝鲜问题捆绑来解决琉球问题的机会来了。并且为了琉球王国领土完整，他们跨越惊涛骇浪流亡到中国的请愿活动接连不断，另一方面从福州秘密返回琉球，将在中国针对琉球问题的相关情报经过夸大，不断传回琉球国内，看似大清帝国援军马上到来一样，这些假象让琉球岛内上下都产生了琉球可以复国的幻想。

例如，冲绳御用挂久高盛政、大湾朝功在 1884 年探听的消息说，从中国返回琉球的人那里得到了消息，具体如下：

我国将琉球复国请愿书交给了大清国皇帝已有八九年

时间，却迟迟得不到解决其中有一些缘故。在七八年前发生了伊犁事件及安南事件，无法着手解决琉球问题，因此多年搁置。但随着两国和议完成回归平静，也就是解决琉球问题的时刻来临。倘若谈判不能解决问题，（大清帝国）则骑兵征服日本，清国政府已下命令今年（1884 年）阴历八九月份，清国军舰会派往日本及琉球，因此我们吃到了定心丸，这次才有 10 人回国。……法国军队在台湾亦不敌清国已经撤退，清国亦安静返回，目前正着手准备解决琉球问题，准备万全后，今年内就有解救琉球的方案。[1]

　　从福州回国的琉球士族的情报，在琉球岛内基本上是半信半疑，有不少人是在这些振奋的消息中逐渐相信大清帝国会来救援琉球的。当然，明治政府肯定不会放任琉球士族的救国运动。明治政府在废藩置县后设置了冲绳县，一方面在琉球编织了很大的情报网络，将计划流亡中国的或从中国秘密返回琉球的人拘留或逮捕，将琉球救国运动的琉球人要彻底肃清。另一方面，明治政府也采取了怀柔和分化政策，对琉球国原有政策进行重新调查，并采取措施保障琉球士族的既得权益，从琉球内部来瓦解琉球救国运动，使琉球士族失去反抗日本侵略的原动力。另外，为

────────────

[1] 冲绳县教育委员会编：《冲绳县史》卷 13，1966 年，第 313 页。

了分化琉球救国运动中琉球官员的忠君思想，让琉球救国运动变得师出无名，明治政府还采取策略巧妙地利用了琉球王族尚家，采取了"以琉治琉"的策略。

例如，当时的冲绳县当局首先让尚泰的儿子尚典返回琉球。尚典在 1884 年 2 月 16 日到达那霸，在那霸的一个多月里他劝说琉球士族归顺日本政府。后来从那霸出发去横滨，在同年 4 月 7 日到达。尚典返回琉球，对琉球士族的反日情绪起到了舒缓的效果。日本政府也是在尚典签署了"回去后，一定不会反日"的誓约后，才批准他会琉球的。[1]

尚典返回琉球，得到了民众的拥戴和欢迎，同年 8 月 23 日，尚典受到了冲绳县政府的隆重接待，他还代替国王尚泰呼吁琉球士族阶层归顺日本政府，"听说最近有人因逃往清国受到了警察署的调查，这种倒行逆施的人只会蛊惑人心，万望不要再出现此类人等"。[2] 劝说民众归顺日本政府让琉球救国运动师出无名，琉球士族陷入痛苦的抉择中。大多数琉球士族虽然不愿接受这个现实，但不得不转变原来的策略，从琉球救国运动中抽身，琉球运动本身变得势单力薄，走向下坡路。

---

[1] 编集室编：《那霸市史》资料篇，第二卷之四，琉球新报社，1970 年，第 207 页。

[2] 冲绳县教育委员会编：《冲绳县史》卷 13，1966 年，第 318 页。

对于尚泰的说教琉球士族有许多看法，有的认为"赤心可嘉，但忌惮日本朝廷，"但也有人提出了反对意见，认为"假令君命，为了国家，恕难从命"。日本政府的分化政策初见成效，琉球内部产生了不同的分化，也激化了矛盾。其中最具代表性的是向龙光，他认为保全国家完整比君主的命令更应该优先处理，要坚决保护琉球王国的完整性。于是向龙光与尚泰之间产生了矛盾，争论也比较激烈，至于两人争论的内容不得而知，但是，尚泰在琉球的五个月里批评了琉球救国运动及其领导者向龙光的言行。而向龙光通过与尚泰的争论，得出了"假令君命，为了国家，恕难从命"的新思想，这也可以看作是琉球近代民族主义的萌芽。

尚泰在琉球呆了近五个月后，1885 年 1 月 24 日从那霸出发离开琉球。向龙光紧随其后，也离开了琉球直奔福建。也就是说他以行动否定了尚泰的"口谕"，从琉球救国的大义名分上继续开展救亡图存的运动。

向龙光在到达福州之后，马上提交了请愿书（二十七），将尚泰一时回国，从清国回国者被捕等最新信息都写在请愿书中，从字里行间可以看出向龙光对请求清国支援琉球的迫切心情。

对于向龙光的请愿书，督办福建军务的左宗棠的答复仅仅是"冲绳陪臣四五百里渡海而来，为国事请愿，实在令我感动。我会将请愿书汇总提交北京总理衙门，还请少安毋躁。"[1] 此时的左宗棠正忙与法国交战，没有能力响应向龙光等人的请愿要求。而且直接管理琉球问题的是总理衙门或李鸿章，左宗棠也是无能为力。

[1] 冲绳县教育委员会编：《冲绳县史》卷15，1966年，第374页。

第二十八封

请愿书主题：

向德宏等（紫巾官）等人向清国全权大臣李鸿章呈送请愿书，陈述了琉球的惨状。鉴于朝鲜问题清朝再次派军队出手相救，所以请求将在越南对法军作战的军队派往琉球作战，帮助琉球复国的请愿书。光绪十一年四月

请愿书校注：

具禀。琉球国陈[情]陪臣、国戚、紫巾官向德宏等，为君幽臣辱，不共戴天，泣请皇猷严申修贡复国以弭外患，而震敌心事。伏以敝国惨遭日本欺灭，敝国王、世子及法司官等，幽闭倭域，为数千年来[未]有之奇祸。臣于光绪五年春，奉国王命，由闽赴津，匍叩呼吁，迨口（今）叠奉国王暨王弟命耳目官毛精长、法司官毛凤来暨光等匍叩总理各国事务衙门并李中堂相府，将敝国危亡惨迫情形，累次密陈，均蒙允准办理，谕令静候，岂胜感激。泣念敝

国王被幽以来，瞬经七载，废宗社之明禋，绝臣民之慰望。祖母年将百龄，不得一日安养。人民既惨罹荼毒，未有一日安居。世子亦远处虎穴，变端莫测。夙夜忧惶，肝胆俱裂。宏等所以苟延残喘，忍死至今者，实时刻焚香以待天朝赫然震怒，早兴问罪之师，还我君王，复我国土耳。敝国与朝鲜，均列天朝屏翰，世沐皇仁。朝鲜有事，两蒙王师恩佑，转危为安。敝国献琛、纳贡，史不绝书，亦复罔有缺失。乃倭人作威肆虐，真如火热水深，不闻有一旅一戎兴言征讨。天朝之万几鲜暇，既知之矣，正恐倭焰益张，为患日大。兹者中西修好，法越行成，文德诞敷，震叠遐迩。天使大人经纶所布，必有迥异寻恒者。宏此由福州星驰北上，光等在津守候有年，一片血忱，敢效秦庭之哭。闻前年倭地谣传，王师征伐，举国惊惶，旧时诸侯人等，或有箪食壶浆之心。倭人国债累累，外强中干，实非泰西可比。倭气之壮馁，视于天朝之行止。苟以备法之师，移捣日本，彼见天朝弗复含容，定必举国惊诧，自怯就范。伏求天使大人迅赐密请皇猷，声罪致讨，除暴安良。俾敝国重整河山，国王再见天日，永守藩封之旧，恪修贡职之常。则敝国君民，世世生生，怙冒皇仁宪德，而天朝永情，四海表正，万邦之府亦历（靡）有涯涘矣。敝国奉表入贡，自天朝定鼎至今，将三百载。夙荷列祖列宗厚泽深仁，有加无已。尝此患难非常，无异天翻地覆。天使大人大发恻隐之仁，速解倒悬之急。临禀无任哀恸迫切，辱荣待命之至。须至禀者。

光绪十一年四月（1885 年 5 月亦或 6 月）具禀

陈情陪臣紫巾官 向文光

琉球国陈情陪臣国戚紫巾官 向德宏

陈情都通事 魏元才

文献来源："国立中央研究院近代史研究所"藏《清季外交档》之"琉球档"球案文禀钞存。

请愿书分析：

流亡福州的琉球人领袖之一的向德宏带领蔡大鼎、金德辉，出发去北京总理衙门请愿书的时间是 1885 年 4 月 29 日。[1] 对于向德宏来说已经是 1879 年后第二次赴北京请愿。中国翻译谢维垣在给蔡大鼎的《北上杂记》的序文中写道"己卯（1879 年）秋间，蔡君命予同北上，壬午（1882 年）冬间，复命予再入都。"对于蔡大鼎来说这次应该是第三次北上。

---

[1] 冲绳县教育委员会编：《琉球人龟川盛栋讯问调书》，《冲绳县史》卷 15，第 374 页。

向德宏、蔡大鼎北上的时候，中法战争接近尾声，中法两国正在就撤军、和平外交展开谈判，另一方面朝鲜的甲申政变也正处于善后处理阶段，中日两国在 1885 年 4 月 18 日签订了《中日天津条约》。无论处理越南问题还是朝鲜问题都是李鸿章和总理衙门，特别是作为全权大臣的李鸿章扮演的角色非常重要。而向德宏曾经面见国李鸿章，向德宏将在福建的左宗棠的救援琉球的工作交给了向文光，随着李鸿章处理了朝鲜和越南问题，为了同时也能解决琉球问题，所以才再次北上。

向德宏北上向李鸿章提交了请愿书（二十八），日期是"光绪十一年四月"，提交日期是《中法天津条约》签订前还是签订后，无法确定。1885 年 6 月 9 日，法国公使巴德诺与李鸿章、总理大臣锡珍、邓承修签订了《中法天津条约》。[1]通过请愿书可以发现《中日天津条约》和《中法天津条约》已经成为既定事实，向德宏也认为朝鲜、越南问题已经解决。

在请愿书中有"朝鲜有事蒙两王师恩佑，转危为安"或者"兹者中西修好，法越行成，问得敷震叠遐迩……"等句子出现，向德宏认为解决了朝鲜问题和越南问题对大

---

[1] 坂野正高：《近代中国政治外交史 ヴァスコ・ダ・ガマから五四運動まで》，東京大学出版会，1973 年，第 366 頁。

清国是有利的，而且琉球同样是大清帝国的藩属国却不能
"蒙王师恩佑"，字里行间表现出不满和焦急的情绪。与
此同时，时在北京的毛凤来等人也向总理衙门庆郡王奕劻
等人递交了请愿书，请求清国，"值此中法战争之终结，
效仿援军赴朝鲜、越南之例，调遣驻守越南之抗法军队，
令其远征日本，为恢复琉球而努力"[1]。虽然事已至此，
琉球人救国请愿运动依然如故地继续坚持归还琉球全土，
反对分岛这一主张。

这份请愿书署名人之一的向文光说在天津等待向德宏
等人，所以他们在天津汇合，最后将请愿书交给了清国的
全权大臣。1885年在天津的流亡琉球人有向德宏、富盛
亲方、嵩岭亲云上、上江洲亲云上、与座亲云上、丰里亲
云上、渡久山亲云上、伊计亲云上9人。[2]

在这里没见到富岛亲云上的名字，却发现了富盛亲方
的名字。两个人是同一个人吗？那样的话，向文光是富盛
亲方的汉名。（参照请愿书（二十二））

请愿书（二十八）到底提交给谁了呢？文中写"天使

[1] 西里喜行编：《琉球救国請願書集成》，法政大学冲绳文化研究所，
1992年，第128－129页。
[2] 冲绳县教育委员会编：《琉球人神山庸忠讯问调书》，《冲绳县史》
卷15，第382页。

大人”，应该是大清国的全权大臣，如前面所述提交对象不仅是李鸿章，而且应该包括锡珍、邓承修，具体给了谁无从得知。

第二十九封

请愿书主题：

毛凤来等（紫巾官）等人将请愿书呈送总理衙门庆亲王奕劻等，中法战争已经结束，请求将在越南对法军作战的军队派往琉球作战，帮助琉球复国的请愿书。光绪十一年五月

请愿书校注：

具禀。琉球国陈情陪臣、法司官毛凤来等，为国亡君幽，泣恳奏请皇猷，严申天讨，迅赐复全土，归孤主，永守藩封，仍修贡典事。窃敝国被倭凌虐，君臣困苦情状，迭经沥情哀请救援。荷蒙具奏准为办理，谕令静候等因。泣念敝国灭亡以来，于今七载，宗社永为邱墟，臣民长此荼毒。敝国王暨世子幽囚虎狼之地，变口（端）不测。且国主祖母年过九十，气息奄奄，不得一日侍养。种种危苦，惨不可言。夙夜忧惶，肝胆崩裂。本年二月间，

接到敝国驻日法司官来信，根据正月十六日，敝国主咨请驻日钦差大臣就近办理。又传令来等迅速禀恳天朝，早日救援，还复君国等由前来。时值法人肆扰，天朝防务紧要，未敢催渎。惟有泣血摧心而已。现法人求议修好，以调印天朝威灵，敝国未苏之日也。乞察敝国与朝鲜，世列天朝屏藩，均荷圣天子覆载深恩。朝鲜有事，天朝两次立赐发兵定乱。彼国家危而复安。敝国被难多年，当未蒙救援，深恐倭口（人）议认天朝已将琉球置于不顾，益肆鸱张，祸患滋生。况敝国当天朝定鼎之初，首先投诚纳款，迭蒙圣世怀柔，鸿恩有加无已。一旦被日阻贡，国亡君幽，来等奉命来京告急有年，赐救无形。上不能对国主，下不能答官民，何颜立于天地之间？不如守候宪辕，泣血以死请救。为此不已沥情泣恳天（王）爷暨诸位大人仰体皇上中外为家一视同仁之至意，俯悯属国失所流离琐尾之可怜，恩准据情具奏恳请皇猷，迅赐天讨，以备法之师移征日本，俾敝国亡而复存，敝国主得以重见天日，永守藩封，仍修贡职。则阖国君臣人民，生生世世，均载（戴）皇恩宪德于无既矣。临禀涕泣，不胜待命之至。谨禀。

　　光绪十一年五月（1885 年 6 月亦或 7 月）具禀

　　陈情都通事 蔡大鼎

琉球国陈情陪臣法司官 毛凤来

陈情都通事 王大业

文献来源:"国立中央研究院近代史研究所"藏《清季外交档》之"琉球档"球案文禀钞存。

请愿书分析:

请愿书(二十九)的署名人中,毛凤来、王大业两人,在 1882 年 5 月经由宫古岛到达福州。毛凤来是当时琉球王国最高长官三司官员之一,他流亡大清后,东京的报纸以"冲绳县富川盛圭(毛凤来)逃走事件,对'琉球处分'不满而秘密遁走大清"等大标题详细报道,[1] 在日本国内引起巨大反响。

这段时期在日本东京、琉球国内、中国的福州、上海、天津、北京等地琉球士族开展了轰轰烈烈的琉球救国运动,但随着琉球分岛案的出现,对于这个问题应该怎样对待的讨论,我们在前面已经论述过。据琉球国最后一位国王尚泰的近臣喜舍场朝贤说,在东京的琉球士族针对琉球分岛

---

[1]《沖縄県の富川盛圭脱走事件/琉球処分に不満=密に清国に遁る》,東京日日新聞,明治 15 年(1882)9 月 16 日,神戸大学経済経営研究所 新聞記事文庫。

有两种意见，一种意见觉得可以借助琉球分岛中将先岛诸岛（宫古、八重山）割让给大清的机会，重新恢复琉球国。另一种意见则完全反对这种做法。同时，针对琉球内部士族的议论有以下描述：

"明治十五年农历三月，在琉球的琉球王国官员等人听取了大清国公使的通告，在获知只能在宫古、八重山两岛建国后，当即决定将流亡大清的琉球人暂留大清，通过向大清请愿的方式争取夺回琉球全部岛屿。然后就举荐毛凤来作为代表。毛凤来虽然知道很难成功，但也无法推辞。于是与四五名随从一起偷偷乘船逃往福州。国王决定将琉球人留在琉球本岛，琉球官员继续就分岛方案的可行性进行研讨，但官员依然分成赞成派和反对派两种论调，不能达成一致。而毛凤来已经到达大清国开始请愿。现在多说无益，只能等待请愿的结果。"[1]

根据喜舍场朝贤所述大清国驻日本公使就琉球分岛方案质询时，琉球国内士族完全反对分岛，坚持夺回琉球全部岛屿，并派遣毛凤来前往大清国。而国王的质询中同样分为两派。虽然反对分岛、恢复琉球全境的要求很多，但是也有以分岛作为交换条件，恢复琉球王国的方案。

---

[1] 喜舍场朝贤：《琉球见闻录》，亲泊朝擢，1914年，第149页。

　　但是，流亡大清的琉球人一直坚持反对分岛，恢复琉球全境，反复向大清国当局请愿，这些在前面已经论述过。1882年根据琉球国内官员达成的意见，毛凤来从福州直接前往北京，向大清国表达反对琉球分岛、恢复琉球全境的请愿救国运动。根据喜舍场朝贤描述"毛凤来抵达北京，虽然频繁提交请愿书，但大清国政府并没有理睬"[1]，在请愿书（二十八）中"奉国王及王弟之命，毛精长、毛凤来、向龙光等在总理衙门和李中堂相府跪求，多次陈情琉球国已危在旦夕，请求救援"。

　　1882年毛凤来提交的请愿书现在还没见到原始文本，根据请愿书（二十九）所述，"毛凤来等奉命来北京，告知琉球危机情形，请求救援无果"，可以分析出毛凤来花费三年时间，一直不断向大清请愿。但是毛凤来为首的琉球人也与留守东京的马兼才持续联系，交流情报。而请愿书（二十九）也很明确在大清请愿的琉球人依然坚持"迅速恢复琉球全境，搭救国王尚泰返回琉球"的立场。

　　当时，摆在琉球人面前有三个选项，一是恢复琉球全境，即恢复原来的琉球国；二是接受琉球分岛方案，缩小

––––––––––––––––

[1] 喜舍场朝贤：《琉球見闻录》，亲泊朝擢，1914年，第149页。

领土继续保持琉球国；三是默认"琉球处分"方案。这三个方案中最简单的就是第二选项，最难的是第一选项。而琉球人偏偏坚持恢复琉球全境，最终导致"琉球处分"成为既定事实。琉球人若是真有此种选择，琉球人的这种选择却是值得关注和研究的。

第三十封

请愿书主题：

向德宏（紫巾官）等人向直隶总督兼北洋大臣李鸿章递交请愿书，指出琉球现在已经惨不忍睹，请求清国速派问罪之师征讨日本，竭尽全力帮助琉球复国的请愿书。光绪十一年五月二十八日

请愿书校注：

琉球向德宏上李文忠公禀

琉球陪臣向德宏禀

光绪十一年五月二十八日到

具禀。琉球国陈情陪臣、国戚、紫巾官向德宏等，为下情迫切，泣恳恩准据情奏请皇猷，迅赐兴师问罪，还复君国以修贡典事。窃宏奉主命来津求援，瞬将十年。国主久羁敌国，臣民火热水深。宏不忠不诚，以致未能仰副主命，乃近住日本之华商，带来敝国密函，内云："日人又

胁迫敝国主，再幽日京。且紫巾官金培义等，於客岁九月间，由闽回国，才到国后，日人拘禁狱中，至今不放等情前来。"闻信之下，肝胆崩裂。嗟呼！人谁无君，又谁无家？乃俾敝国惨无天日？惟所以暂延残喘者，仰仗天朝之援拯耳。兹幸法事大定，天朝无事之日，即敝国复苏之时也。若复任日本横行，彼将谓天朝置敝国于度外，数百年国脉从是而斩，其祸尚忍言哉！伏惟傅相老中堂入赞机宜，出总军务，天朝柱石久，已上俞下颂。中外仰如神明，必救敝国于水火，登之于衽席。为此沥情再叩相府，呼号泣血恳求老中堂恩怜惨情，迅赐奏明皇上，严申天讨，将留球日人尽逐出境。庶乎日人狡逞之心从是而戢，敝国主得归，宗社亡而复存。非特敝国君民永戴圣朝无疆之德，且与国共安于光天化日之下。是有国之年，仰慕皇上恩施，实出傅相老中堂之赐也。敝国上自国主，下至人民，生生世世，感戴皇恩宪德於无既矣。临禀苦哭，不胜栗悚待命之至。须至禀者。

    光绪十一年五月二十八日（1885 年 7 月 10 日）具禀

    琉球国陈情陪臣国戚紫巾官 向德宏

    陈情都通事 魏元才

文献来源：《河北第一博物院画报》第 70 期（中华民国

廿三年八月十日）。

请愿书分析：

在请愿书（二十八）提交之后的一个月，向德宏又向李鸿章重新提交了请愿书（三十），对于反复多次的请愿书，李鸿章会怎么看呢？我们可以从直接的史料来获知一二。

李鸿章是大清解决琉球问题的直接责任人，对琉球问题肯定会持续关注，1882 年 4 月份，天津领事竹添进一郎引用李鸿章手下的话说，"李中堂确实有许多问题困扰他……"[1]，跟向德宏等人的约定都已经过去几年了没有实现，李鸿章因深深的自责而非常苦恼。

在处理完朝鲜甲申政变的善后事宜后，1885 年 4 月 20 日，李鸿章与日本驻清国公使榎本武扬进行会谈，他指出"这次事件（甲申政变）以伊藤大使来清商讨而妥善解决，而且也加深了两国的睦邻友好"，后来他忽然转变话题说"只可惜琉球问题尚未解决，这也是我们关注的一个问题"，由此可见，李鸿章对处理琉球问题还是非常执着的，在解决完朝鲜问题后想进一步解决琉球问题。[2] 因为有了向德宏等人的情报，李鸿章对于琉球问题的认识还

[1] 冲绳县教育委员会编：《冲绳县史》卷 15，1966 年，第 357 页。
[2] 冲绳县教育委员会编：《冲绳县史》卷 15，1966 年，第 366—368 页。

是非常准确的。向德宏持续不断的请愿，也为李鸿章分析琉球现状获取了很多详细的情报。

请愿书（三十）也记录了暂时回答琉球国王尚泰，"被再次囚禁在东京"，这些情报来自从福州偷偷返回琉球的金培义等人。由此可见，这些情报有的通过居住在日本的华商那里得到，有的通过流亡大清的琉球人得到。关于尚泰返回琉球又被抓回，这期间，他的言行主要是说服琉球人要归顺日本政府，这对琉球士族的琉球救国运动泼了一盆冷水。而向德宏依然陷入"国不可一日无君"的封建忠君思想不能自拔，所以不顾事实，明知不可为而为之，请求大清救国王回国，帮助琉球复国。向龙光在这个问题上与向德宏稍有不同，"即便国王的命令是假的，但为了国家也应该照做"。

第三十一封

请愿书主题：

向德宏（紫巾官）等人将请愿书交给了直隶总督兼北洋大臣李鸿章，指出琉球列岛战略位置非常重要，请求清国速派远征军征讨日本，帮助琉球复国的请愿书。光绪十一年五月二十八日

请愿书校注：

琉球向德宏上李文忠公禀二

琉球陪臣向德宏禀（回存上）

光绪十一年伍月廿八日到

琉球国陈情陪臣、国戚、紫巾官向德宏，再具密禀，谨陈管见。窃以四海趋开化，敝国遭灭亡，真有故。盖外夷海道，与中国所属之琉球、朝鲜、越南以及台湾，内地近可相通。狡焉思启者，必日本为首。先法夷越南之役，日亦为之助，固其验也。敝国虽孤悬海外，自闽台湾经敝

149

国属岛八重山、太平山、姑米山、马齿山等处，直达琉球，实与中国气脉贯通。外洋各国往来中国者，都过敝国洋面。且北边大岛数岛，则日船往来琉球所取便，并外洋各国自日本神户、大阪等处往来福州、广东等处，又所取道。道光年间，有荷兰国人来敝国，要买连天之地。窥其意，盖欲作为码头，招集泰西各国船只，为交易之所。日人据有敝国，亦欲擅其利故也。日性贪欲，得陇望蜀，敝国南边属岛，与台湾相距仅四百里。倘日本屯兵于此，以张其势，非独为台地之忧，中国南边各省一带海岸，恐亦多事。法国虽强大而远，兼人种异类。日本弱小而近，且人种同类。尤宜使归宇下，非厉害法国可比。兹幸法事已定，各处海岸，概见无虑。早移备法之兵攻日，时势可乘，一大机会也。且越、球事虽同出于一辙，而越事与法国交涉，琉球、朝鲜之事均系与日本交涉，似宜照朝例办球事。日本业经拱手聆命，则天朝声威，从是大张，泰西各国有所忌惮，不惟不敢来侵越南，与中国往来事件，亦宜著手。倘蒙俯准，简派兵轮船先往敝国申讨日罪，敝国海道颇为艰难，已选惯熟水道者，留之於闽，以备引导。陆道则守里城郭地势高耸，城垣颇为坚固，现虽为日所据，日兵不过一二百人，预遣干员进入城中，尽驱出城，人民久苦日虐，敌忾同仇，亦当争先恐后效死从事。若日本轮船续到，则其内地空虚，自上海、天津各处直进往日本，攻取其无备，是征一启乱之日本而示威，拯既灭亡之琉球而示惠，则一举而威惠两全。既诸夷之阴谋自戢，与国共安于光天化日之下。兹为再存图，不惟敝国幸耳。事关甚大，冒死献刍荛之见，当否俯赐裁夺。谨附琉球全图一道，恭呈钧览。无任悚惶延颈待命之至。密禀。

光绪十一年五月二十八日（1885 年 7 月 10 日）具密禀
琉球国陈情陪臣国戚紫巾官 向德宏

文献来源：《河北第一博物院画报》第 71 期（中华民国廿三年八月廿五日）。

请愿书分析：

逃亡到中国的琉球人向大清当局提交的请愿书还存在多少份，目前没有具体数据。根据原文的确认，向德宏署名的，包括请愿书（三十一）共 11 份。向德宏与毛精长、蔡大鼎作为亡命中国的琉球人领袖，都积极参与了请愿书的提交。请愿书（三十一）是向德宏署名的最后一份。

日期为 1885 年 7 月 10 日（光绪十一年五月二十八日）的请愿书（三十一）与三个月前（同年 4 月 9 日）提交的请愿书（二十五）几乎相同。前者是在天津的向德宏提交给李鸿章的请愿书，后者则是在福州的向德宏、向有德联名提交给左宗棠的。

越南的中法战争、朝鲜的甲申政变的顺利解决，让向德宏对解决琉球问题产生了信心，他在福州向左宗棠强调琉球战略的重要性，然后即刻北上，并于三个月后到达天津，将同样的请愿书（三十一）交给李鸿章，希望唤起大清对琉球问题的关注。

应该注意到请愿书（三十一）中，向德宏将琉球救国的希望全部寄托在李鸿章身上，向李鸿章提出了日本占领下的琉球反击的具体攻略，并把琉球全图与请愿书一并提交。这说明向德宏对大清派兵琉球还是抱很大期望的。

向德宏从 1879 年 7 月 3 日（光绪五年五月十四日）向李鸿章提交请愿书（三）以来，一直都请求大清派"问罪之师"，即通过武力派兵让琉球复国，请愿书（三十一）更是积极请求武力派兵。当然，亡命中国的琉球人也希望通过外交谈判方式解决问题，但在与明治政府的外交谈判中，向德宏发现，要外交解决问题几乎是不可能的。而且越南、朝鲜都通过大清的军事介入而解决了问题，向德宏当然也会根据朝鲜的先例来解决琉球问题。

第三十二封

请愿书主题：

这份请愿书是否是经过考证后，可以断定为流亡琉球人的最后一份请愿书呢？

请愿书校注：

具禀。琉球国陈情陪臣法司官毛凤来等，为号恳恩准奏请天威，严行天讨，迅赐复全土、归孤主、永守藩封，以修贡典事。窃照敝国，世列天朝屏藩，叠蒙圣世怀柔，鸿恩有加无已。恪遵会典，间年一贡，罔敢愆期，已经二百余年之久。讵于光绪元年，日人禁阻进贡，又杜天朝各大典。敝国主深怀忧虑，屡经饬官赴日求宥，均不允许。甚至废藩为县，国主被其胁迫，驾辱东洋，含垢忍羞，屡经饬官请求允准回国，仍修贡职，奉行宗祀。该日人不肯听从。且阖国臣民，皆因日人苛政猛烈，不聊其生，号泣载涂。现刻君臣仰望天威，责申日罪，以复藩邦，犹赤子

153

之待其父母，而日急一日也。业于去年十二月间，王弟众官等，密饬向克仁将君臣交苦情状，传知留闽官吏，具禀列宪大人，号恳据情具奏，及早复国复君。奈因风不顺，抵闽太迟，荷蒙宪恩，已与来等先后安插馆驿。惟来等本年三月间，奉国主传谕，捧斋密咨来闽，呈缴藩宪详请据情具奏外，又奉传谕此事，专系北上号恳，由是雉发改装，赶速北上。犯法之罪，有所弗辞。伏思日人虺蝎心肠，鬼蜮行径，敝国主暨世子既刻刻有失措之忧，而臣民又时时遭其茶毒。嗟乎！同是圣朝赤子，岂甘束手待毙哉！苟非仗圣天子之吓威，无另有筹策。除禀总理诸位大人外，伏乞礼部大人仰体皇上复载之至仁，俯察日人烦苛之猛政，据情奏请圣朝声威，亟赐天讨，复国复君，永为中朝一属，仍修贡职，以守封疆而奉宗社，则上自国主，下及臣民，亿万千年均戴皇恩宪德於无既矣。切禀。

文献来源：《冲绳县史》卷15。

请愿书分析：

注解中写"从参谋本部通信员处探得"，但请愿书原文还没发现。应该是参谋本部通信员得到原文后自己转译成日语的，有几处解读错误和与事实相矛盾的地方，这样的话他是不是根据原文转译的，或者说到底有没有请愿书原文都值得怀疑。

例如，尚泰被带往东京的时间是 1876 年，而请愿书日语转译文中却说"王，从东京传来密函"，而且将李鸿章的官衔写成"北洋大臣总理事务衙门"等等都与实际情况不符。而且对于琉球称谓上写"琉球国"、"琉国"、"琉岛"等，人名写成"尚德宏"、"尚有德"，而前三十一份请愿书一般写作"敝国"、"向德宏"、"向有德"。还有日语转译中"琉球国ノ惨遭国亡ヒ家破ル（琉球国的惨遭国破家亡）"，"琉岛没無末夕知ラス（琉岛未知没无）"等语法错误或句意不明的地方，正确的句子应该是"琉球国、惨シクモ国亡ヒ家破ルニ遭フ（琉球国惨遭国破家亡）"。

虽然有一些问题，但这份请愿书大体上符合事实。例如，光绪五年琉球处分时，从"恳泣哀切南洋大臣两江总督沈大人"中记录的事情来看，流亡的三个琉球人为了向两江总督沈葆祯请愿偷偷潜入南京的记录与《清稗类钞》[1]的记录能相互印证。[2] 虽然这份请愿书存在一些问题，但也不能对它的可信性全部否定，因为具有一定研究价值，所以本书也将它收录进来。这份请愿书的日语转译文本收录在《冲绳县史》中。[3]

---

[1] 《清稗类钞》（沈文肃纵琉球狱囚）徐珂的《清稗类钞》中收录了一则"沈文肃纵琉球狱囚"的史料，内容如下：光绪己卯，日本灭琉球，改冲绳县。沈文肃公宝桢方任江督，有琉球国事犯三人，潜审至江宁，廷旨以日有盟约，命执三人，归之于日本。系狱矣，忽逸其二，上元令惶恐无措，遂求江宁守挚以谒沈，白其故，虑罪且不测。沈默然良久，语守曰："囚三人耶，已逸其二，馀可悉纵之。"守令均疑沈怒，莫知所对，沈复慰之曰："汝但纵囚，有事，我自任之，汝无罪。"令乃出。沈退食，语幕宾梁某曰："吾日日思归乡里，皆不得请，今其时矣。"遂上疏，以逸囚自劾。大意谓："琉球吾藩属，今被日本夷为郡县，逃人来依，我不能庇，复执而归之于其敌，谊有不忍。今囚诸狱而逸去，此有司之责，请治臣以罪，贷其他。"时恭亲王当国，夙器沈，疏上，事遂寝。

[2] 西里喜行：《琉球救国運動と日本・清国》，《沖縄文化研究》第 13 号，1986 年，第 77 页。

[3] 冲绳县教育委员会编：《琉球所属问题》，《冲绳县史》卷 15，1966 年，第 383—385 页。

附录1：关于请愿书署名人物及去向

氏 名	位 阶	中国名	官职	此后官职及去向	去世地
尚泰	王	尚泰	王	侯爵	东京
池城安规	亲方	毛有斐	三司官		东京
富川盛奎	亲方	毛凤来	三司官	县顾问、渡清	清朝
与那原良傑	亲方	马兼才	东京使者	三司官、东京尚邸	
大宜见朝救	亲方		特使		
高安朝崇	亲方		特使		
富盛朝直	亲方	向文光	特使（前进贡使）	渡清	归国
小禄良休	亲方	马周询	特使	县顾问	
幸地朝常	亲方	向德宏	锁之侧	物奉行、特使（渡清）	清朝
喜屋武朝扶	亲云上	向维新	日帐主取	锁之侧、东京尚邸	
内间朝直	亲云上	向嘉勳	日帐主取	东京尚邸	
亲里盛英	亲云上	翁逢源	日帐主取	东京尚邸	
伊江朝重	亲云上		日帐主取	县厅	
浦添朝忠	按司	向有德	陈情陪臣宗室按司	渡清	归国
津嘉山朝功	亲方	向龙光	陈情陪臣紫巾官	渡清	清朝

国头盛乘	亲云上	毛精长	前进贡京回都正使	渡清	清朝
名城世功	亲云上	林世功	陈情通事	渡清	清朝
伊计大鼎	亲云上	蔡大鼎	陈情都通事	渡清	清朝？
湖城德昌	亲云上	蔡德昌	前进贡京回都通事	渡清	清朝？
湖城以讓		蔡以讓	代办存留事务	渡清	清朝？
平田继荣	亲云上	郑辉炳	陈情都通事	渡清	
不明		杨绍荣	陈情通事	渡清	
丰里德辉		金德辉	代办存留事务	渡清	
不明		魏元才	陈情通事	渡清	
不明		尚龙章		渡清	
国场大业	亲云上	王大业	陈情都通事	渡清	清朝
不明		郑辉煌	陈情都通事	渡清	
伊计锡书		蔡锡书	代办存留事务	渡清	归国

附录 2：册封使一览表

琉球王	册封年	册封使	官职	籍贯	著作·备考
察度	洪武 5（1372）	杨载	行人		
武宁	永乐 2（1404）	时中	行人		
尚巴志	洪熙 1（1425）	柴山 阮渐	内官		大安禅寺碑记 千佛灵阁碑记
尚忠	正统 8（1443）	俞忭 刘逊	给事中 行人		
尚思达	正统 12（1447）	陈傅 万祥	给事中 行人		
尚金福	景泰 3（1452）	陈谟 董守宏	左给事中 行人		
尚泰久	景泰 7（1456）	李秉彝 刘俭	给事中 行人		
尚德	天顺 7（1463）	潘荣 蔡哲	吏科右给事中 行人司行人	竜溪	
尚圆	成化 8（1472）	官荣 韩文	兵科给事中 行人司行人	直隶新城	
尚真	成化 15（1479）	董旻 张祥	兵部给事中 行人司右司副		
尚清	嘉靖 13（1534）	陈侃 高澄	吏科左给事中 行人司行人	浙江鄞县 顺天固安	使琉球録 操舟记

尚元	嘉靖41（1562）	郭汝霖李际春	刑科右给事中行人司行人	江西永丰江南杞县	使琉球录
尚永	万历7（1579）	萧崇业谢杰	户科左给事中行人司行人	云南应天福建长乐	使琉球录虔台倭纂
尚宁	万历34（1606）	夏子阳王士祯	兵科右给事中行人司行人	江西王元山东泗水	使琉球录
尚丰	崇祯6（1633）	杜三策杨抡	户科左给事中行人司行人	山东东平云南上元	从客胡靖[1]
尚质	康熙2（1663）	张学礼王垓	兵科副理官行人司行人	辽阳山东胶州	使琉球录中山纪略
尚贞	康熙22（1683）	汪楫林麟焻	翰林院检讨内阁中书舍人	江南义真福建莆田	使琉球记中山沿革志
尚敬	康熙58（1719）	海宝徐葆光	翰林院检讨翰林院编修	满洲镶白旗江苏长州	中山传信录海舶集
尚穆	乾隆21（1756）	全魁周煌	翰林院侍讲翰林院编修	满洲镶白旗四川涪州	从客王梦楼诗集琉球国志略
尚温	嘉庆5（1800）	赵文楷李鼎元	翰林院编撰内阁中书舍人	安徽太湖四川锦州	槎上存稿石柏山房诗存使琉球记师竹斋集
尚灏	嘉庆13（1808）	齐鲲费锡章	翰林院编撰工科给事中		续琉球国志略琉球记事一百韵
尚育	道光18(1838)	林鸿年高人鑑	翰林院修撰翰林院编修	福州府侯官县浙江钱塘	
尚泰	同治5（1866）	赵新于光甲	翰林院检讨内阁中书舍人	福州福侯官县天津府沧州	续琉球国志略

---

[1] 亦名杜天使册封琉球真记奇观。

附录3：琉球国上（赴）江户一览表 [1]

次数	年次	名目 （袭职·袭封者）	正使	副使
1	1644（正保元）	谢恩（尚贤王）	国头正则	
2	1649（庆安2）	谢恩（尚质王）	具志川朝盈	
3	1653（承应2）	庆贺（将军家纲）	国头正则	
4	1671（宽文11）	谢恩（尚贞王）	金武朝兴	越来朝诚
5	1682（天和2）	庆贺（将军纲吉）	名护朝元	恩纳安治
6	1710（宝永7）	庆贺（将军家宣） 谢恩（尚益王）	美里朝祯 丰见城朝匡	与座安好 富盛盛富
7	1714（正德4）	庆贺（将军家继） 谢恩（尚敬王）	与那城朝直 金武朝祐	知念朝上 腾连盛祐
8	1718（享保3）	庆贺（将军吉宗）	越来朝庆	西平朝叙
9	1748（宽延元）	庆贺（将军家重）	具志川朝利	与那原良畅
10	1752（宝历2）	谢恩（尚穆王）	今归仁朝义	小波藏安藏

[1] 作者根据冲绳大学深泽秋人教授所讲授《中琉关系史》课程讲义整理绘制表格而成。

11	1764（明和元）	庆贺（将军家治）	读谷山朝恒	湧川朝乔
12	1790（宽政2）	庆贺（将军家齐）	宜野湾朝祥	幸地良笃
13	1796（宽政8）	谢恩（尚温王）	大宜见朝规	安村良头
14	1806（文化3）	谢恩（尚灏王）	读谷山朝英	小禄良知
15	1832（天保3）	谢恩（尚育王）	丰见城朝春	泽岻安庆
16	1842（天保13）	庆贺（将军家庆）	浦添朝熹	座喜味盛普
17	1850（嘉永3）	谢恩（尚泰王）	玉川朝达	野村朝宜

（注）1634年（宽永11）年的赴京都除外，未列入表格中。

附录4：清朝琉球使节在北京停留时间一览表 [1]

序号	使节	到达北京时间	离开北京时间	正副使等	备注
1	谢恩使	康熙3年7月5日	康熙3年8月15日	吴国永 金正春	
2	庆贺使	不明	康熙4年9月21日后	英常春 林有材	
3	进贡使	康熙8年正月24日	康熙8年2月18日	吴文显 王明佐	
4	进贡使	康熙10年8月22日前	康熙10年9月24日后	富茂昌 蔡国器	
5	进贡使	康熙13年正月20日	康熙13年3月16日	吴美德 蔡彬	
6	进贡使	康熙19年正月22日	康熙19年3月1日	陆承恩 王明佐	
7	进贡使	康熙22年9月9日后	康熙22年11月5日后	毛见龙 梁邦翰	
8	进贡使	康熙22年9月9日前	康熙22年11月5日后	毛文祥 蔡国器	

[1] 深澤秋人：琉球使節の北京滞在期間———清朝との通交期を中心に、沖縄国際大学総合学術研究記要、2004年12月、第8巻第1号、第66 - 70頁。

9	谢恩使（册封）	康熙23年6月23日	康熙23年9月6日	毛国珍王明佐	
10	进贡使	康熙24年10月15日	康熙24年12月9日	吴世俊郑永安	
11	进贡使	康熙27年9月17日	康熙27年10月13日	吴应伯曾益	
12	进贡使	康熙28年9月2日	康熙28年10月15日	毛起龙蔡铎	
13	进贡使	康熙30年8月12日	康熙30年10月1日后	温允杰金元达	
14	进贡使	康熙32年9月1日	康熙32年10月3日	马廷器王可法	
15	进贡使	康熙34年9月前	康熙34年10月2日后	翁敬德蔡应瑞	
16	进贡使	康熙36年8月24日	康熙36年9月23日	毛天相郑弘良	
17	进贡使	不明	康熙38年9月19日后	毛龙图梁邦基	
18	进贡使	康熙40年8月28日	康熙40年10月2日后	毛德范郑职良	
19	进贡使	康熙42年9月7日	康熙42年10月11日	毛兴龙蔡元祥	
20	进贡使	康熙44年10月7日后	康熙44年11月15日后	温开荣蔡肇功	
21	进贡使	康熙46年10月26日	康熙46年12月5日	马元勋程顺则	
22	进贡使	不明	康熙48年11月17日	向英毛文哲	

23	进贡使	不明	康熙 50 年 11 月 26 日	孟命时 阮维新	
24	进贡使	康熙 52 年 11 月 8 日前	康熙 52 年 12 月 6 日后	毛经九 蔡 灼	
25	进贡使	康熙 54 年 10 月 23 日	康熙 54 年 11 月 29 日	马献功 阮 璋	
26	进贡使	康熙 56 年 11 月 2 日	康熙 57 年 3 月 29 日	夏执中 蔡 温	
27	进贡使	康熙 58 年 11 月 9 日前	康熙 58 年 12 月 22 日后	向秉乾 杨聊桂	
28	谢 恩 使（册封）	康熙 59 年 8 月 10 日	康熙 59 年 10 月 20 日	向龙翼 程顺则	
29	进贡使	康熙 60 年 10 月 21 日前	康熙 60 年 11 月 20 日后	毛廷辅 梁得宗	
30	庆贺使	雍正 2 年 10 月 1 日	雍正 2 年 12 月 20 日	翁国柱 曾 历	
31	进贡使	雍正 3 年 9 月 5 日	雍正 3 年 10 月 26 日	毛健元 蔡 渊	
32	谢恩使（御书）	雍正 4 年 10 月 12 日前	雍正 4 年 11 月 21 日后	向得功 郑士绚	
33	进贡使	雍正 6 年正月 23 日前	雍正 6 年 3 月 15 日后	毛汝龙 郑廷极	
34	进贡使	雍正 7 年 10 月 10 日前	雍正 7 年 11 月 15 日后	毛鸿基 郑秉彝	
35	进贡使	雍正 9 年 11 月 12 日	雍正 10 年 3 月 8 日	向克济 蔡文河	
36	进贡使	雍正 11 年 12 月 25 日	雍正 12 年 3 月 9 日	温思明 郑 仪	

37	进贡使	乾隆 2 年 10 月 24 日	乾隆 3 年 2 月 8 日	毛光润 郑国柱	
38	庆贺使	乾隆 3 年 12 月 20 日前	乾隆 4 年 3 月 3 日后	向启猷 金 震	
39	进贡使	乾隆 4 年 12 月 10 日前	乾隆 5 年 2 月 28 日后	向维豪 蔡 镛	
40	谢恩使 （御书）	乾隆 6 年 12 月 20 日前	乾隆 7 年 2 月 21 日后	翁鸿业 蔡其栋	
41	进贡使	乾隆 8 年 12 月 14 日前	乾隆 9 年 2 月 24 日后	毛文和 蔡用弼	
42	进贡使	乾隆 12 年 12 月 25 日	乾隆 13 年 3 月 7 日	毛允仁 梁 珍	
43	进贡使	乾隆 14 年 12 月 25 日	乾隆 15 年 3 月 6 日	向永城 郑秉哲	
44	进贡使	乾隆 17 年 4 月 21 日前	乾隆 17 年 5 月 20 日后	毛元烈 阮为标	
45	进贡使	乾隆 19 年正月 27 日前	乾隆 19 年 2 月 23 日后	向邦鼎 杨大壮	
46	进贡使	乾隆 20 年 11 月 17 日	乾隆 21 年正月	毛元翼 蔡宏谟	
47	谢恩使 （册封）	乾隆 22 年 9 月 1 日	乾隆 22 年 10 月 16 日	马宣哲 郑秉哲	
48	进贡使	乾隆 22 年 11 月 27 日	乾隆 23 年正月 8 日	向全才 阮赵群	
49	进贡使	乾隆 24 年 12 月 21 日前	乾隆 25 年 2 月 14 日后	毛世俊 郑士绅	
50	进贡使	乾隆 28 年 11 月 8 日	乾隆 29 年 2 月 7 日	马国器 梁 煌	

51	进贡使	乾隆 30 年 12 月 20 日前	乾隆 31 年 2 月 19 日后	向廷器 郑秉和	
52	进贡使	乾隆 32 年 12 月 13 日前	乾隆 33 年 2 月 12 日后	阿必振 阮大鼎	
53	进贡使	乾隆 35 年正月 21 日	乾隆 35 年 3 月 6 日	毛德义 毛维基	
54	进贡使	乾隆 36 年 12 月 4 日前	乾隆 37 年 2 月 10 日后	毛自焕 魏献兰	
55	进贡使	乾隆 38 年 12 月 2 日前	乾隆 39 年 2 月 5 日后	向宜谟 毛景成	
56	进贡使	乾隆 40 年 12 月 8 日前	乾隆 41 年 2 月 6 日后	向崇献 蔡镠	
57	进贡使	乾隆 42 年 12 月 17 日	乾隆 43 年 2 月 18 日	翁宏基 郑鸿勋	
58	进贡使	乾隆 44 年 12 月	乾隆 45 年 2 月 28 日后	金有华 蔡焕	
59	进贡使	乾隆 47 年正月 8 日前	乾隆 47 年 2 月	向翼 毛景昌	
60	进贡使	乾隆 48 年 12 月 21 日	乾隆 49 年 2 月 26 日	毛廷栋 蔡世昌	
61	进贡使	乾隆 50 年 12 月 24 日	乾隆 51 年 2 月 18 日后	向猷 毛景裕	
62	进贡使	乾隆 52 年 12 月 20 日	乾隆 53 年 2 月 6 日后	翁秉仪 阮廷宝	
63	谢恩使（御书）	乾隆 54 年 12 月 17 日	乾隆 55 年 2 月 3 日	向处中 郑永功	
64	进贡使	乾隆 56 年 12 月 13 日	乾隆 57 年 2 月	马继谟 陈天龙	

65	谢恩使	乾隆 58 年 12 月 5 日	乾隆 59 年正月 24 日后	毛国栋 毛廷柱	
66	进贡使	乾隆 60 年 12 月 20 日	嘉靖元年正月 8 日	向文凤 郑作霖	
67	庆贺使	嘉靖 2 年 12 月 9 日	嘉靖 3 年正月 29 日	东邦鼎 毛廷柱	
68	进贡使	嘉靖 4 年 12 月 19 日	嘉靖 5 年正月 16 后	向国垣 曾 谋	
69	谢恩使（册封）	嘉靖 6 年 2 月 23 日	嘉靖 6 年 5 月 8 日	毛国栋 郑得功	
70	进贡使	嘉靖 6 年 4 月 1 日	嘉靖 6 年 5 月 10 日	向必显 阮 翼	
71	进贡使	嘉靖 10 年 12 月 17 日	嘉靖 11 年正月 25 日	毛廷勤 郑国鼎	
72	进贡使	嘉靖 12 年 12 月 13 日	嘉靖 13 年 2 月 2 日	杨克敦 蔡邦弼	
73	谢恩使（册封）	嘉靖 14 年 2 月 11 日	嘉靖 14 年 3 月 12 日	毛光国 郑章观	
74	进贡使	嘉靖 16 年 9 月 26 日	嘉靖 16 年 10 月 21 日	向国柱 蔡肇业	
75	进贡使	嘉靖 18 年正月 7 日	嘉靖 18 年 2 月 5 日	向 谨 毛廷器	
76	进贡使	嘉靖 19 年 12 月 20 日	嘉靖 20 年 2 月 8 日	向 斌 郑嘉训	
77	进贡使	嘉靖 21 年 12 月 15 日	嘉靖 22 年 2 月 8 日	毛维宪 蔡次九	
78	进贡使	嘉靖 23 年 12 月 15 日	嘉靖 24 年 2 月 3 日	毛维新 郑克新	

79	进贡使	嘉 靖 25 年 12 月 17 日	道光元年 2 月 2 日	向邦正 蔡肇基	
80	庆贺使	道光 2 年 6 月 29 日	道光 2 年 7 月 23 日	向廷谋 郑文殊	
81	进贡使	道光 2 年 6 月 29 日	道光 3 年 2 月 4 日	毛树德 王士惇	
82	进贡使	道光 4 年 12 月 26 日	道光 5 年 2 月 2 日	向廷楷 梁光地	
83	谢恩使 （御书）	道光 6 年 12 月 23 日	道光 7 年 2 月 4 日	马开基 梁文翼	
84	进贡使	道光 8 年 12 月 20 日	道光 9 年 2 月 6 日	毛世辉 杨德昌	
85	进贡使	道光 10 年 12 月 18 日	道光 11 年 2 月 6 日	向国璧 王不烈	
86	进贡使	道光 12 年 12 月 23 日	道光 13 年 2 月 6 日	向永昌 郑择中	
87	进贡使	道光 14 年 12 月 19 日	道光 15 年 2 月 6 日	向如山 红泰熙	
88	进贡使	道光 16 年 12 月 15 日	道光 17 年 2 月 4 日	向大然 孙光裕	
89	进贡使	道光 18 年 12 月 21 日	道光 19 年 2 月 1 日	章鸿勋 林奕海	
90	谢恩使 （册封）	道光 19 年 3 月 5 日	道光 19 年 4 月 4 日	翁 宽 林德昌	
91	进贡使	道光 21 年闰 3 月 6 日	道光 21 年 4 月 6 日	向国鼎 林常裕	
92	进贡使	道光 22 年 12 月 26 日	道光 23 年 2 月 4 日	向绍元 魏恭俭	

93	进贡使	道光 24 年 12 月 17 日	道光 25 年 2 月 9 日	毛嘉荣 郑元伟	
94	进贡使	道光 26 年 12 月 18 日	道光 27 年 2 月 4 日	向元谟 梁必达	
95	进贡使	道光 28 年 12 月 23 日	道光 29 年 2 月 6 日	向统绩 郑元觐	
96	庆贺使	道光 30 年 12 月 19 日	咸丰元年 2 月 6 日	夏超群 毛有增	
97	进贡使	咸丰 3 年正月 18 日	咸丰 3 年 2 月 20 日	毛種美 蔡士俊	
98	谢恩使 （御书）	咸丰 5 年 11 月 23 日	咸丰 6 年正月 10 日	向邦栋 毛克进	
99	进贡使	咸丰 7 年 3 月 18 日	咸丰 7 年 5 月 18 日前后	向有恒 阮宣诏	
100	进贡使	咸丰 9 年 6 月 4 日	咸丰 9 年 7 月 22 日	翁 俊 阮孝铨	
101	庆贺使	同治 3 年 11 月 30 日	同治 4 年 2 月 1 日	马文英 毛克述	
102	进贡使	同治 4 年 12 月 18 日	同治 5 年 2 月 6 日	东国兴 毛发荣	
103	谢恩使 （御书）	同治 6 年 5 月 19 日	同治 6 年 7 月 2 日	毛文彩 魏掌治	
104	谢恩使 （册封）	同治 6 年 8 月 15 日	同治 6 年 10 月 17 日	马朝栋 阮宣诏	
105	进贡使	同治 8 年 8 月 20 日	同治 8 年 10 月 22 日	向文光 林世爵	
106	进贡使	同治 10 年 2 月 2 日	同治 10 年 4 月 2 日	杨光裕 蔡呈祯	

| 107 | 进贡使 | 同治 12 年 3 月 6 日 | 同治 12 年 5 月 18 日后 | 向德裕 王兼才 | |
| 108 | 进贡使 | 光绪元年 2 月 9 日 | 光绪元年 5 月 10 日 | 毛精长 蔡呈祚 | |

资料来源:《那霸市史资料篇》第 1 卷 6 家谱资料 2(以下《久米村系家谱》)、《那霸市史资料篇》第 1 卷 7 家谱资料 3（以下《首里系家谱》）、《那霸市史资料篇》第 1 卷 8 家谱资料 4（以下《那霸·泊系家谱》）、《历代宝案》校订本 1、3、4、5、7、8、9、11、12、13、14 册,《历代宝案》台湾本第 6、10 册,《清代中琉关系档案三编》、《圣祖实录》、《明治四十年十月史料》（冲绳县立图书馆东恩纳宽惇文库藏）、《内务省文书》及其介绍。另外,《史料编辑室纪要》第 12 号所收《归唐船改账》,《卯秋走接贡船归帆改日记》(《琉球王国评定所文书》第 1 卷),《辰秋走接贡船归帆》(《琉球王国评定所文书》第 2 卷)所收 2-2 号文书等构成。

附录 5：琉球民族独立综合研究会成立宗旨

琉球民族独立综合研究会成立宗旨 [1]

起源于琉球的各个岛屿的琉球民族史一个独立的民族。15 世纪中叶，葡萄牙人多麦·皮雷斯（音译）在所著《东方诸国记》中，将琉球人称为"来开欧人"、"高来斯人"（音译：葡萄牙语"琉球人"的意思），记载着"他们正直，从不进行奴隶买卖，即使与全世界交换，也不出卖自己的同胞。他们会为此赌上自己的性命。"正如《历代宝案》中所记载：琉球曾经是个独立国家，与亚洲各国建有外交关系，19 世纪中期与欧美各国也缔结了友好条约。

现在，琉球民族居住在琉球的各个岛屿，并且在日本以及世界其他各地也都有琉球人居住着。"世界琉球人大会"每五年在琉球举行一次，2011 年举办了第五届盛会。2012 年在巴西还召开了"第一届世界琉球人青年大会"。

---

[1] 石源誉之：琉球民族独立综合研究学会成立宗旨，琉球独立学研究（创刊号），2014 年第 1 号，第 99-101 页。

琉球人在移民之地也不忘故乡之岛，继承者琉球的语言和文化，延伸着琉球民族认同之根，在全世界形成了琉球民族的交流网络。

另一方面，以 1609 年的萨摩侵攻为起始，1897 年明治政府对琉球进行了合并之后，至今为止，琉球变成了日本以及美国的殖民地。琉球民族成为无国家的民族，成为日美两政府及多数派民族的歧视，榨取，统治的对象。这些可以例为证，显而易见。例如：1945 年日本把琉球作为太平洋战争的地面战场（＝被抛弃的棋子）；1952 年为了恢复自己的主权把琉球人作为人质；美国军政府战后长达 27 年的压迫性统治；以及 1972 年所谓的日本"回归"（日美密约之下的琉球再合并）之后，日美把 64% 的美军基地一直强行推给只占"日本国土"0.6% 的琉球。就目前现实状况而言，1997 年，根据美国军用地特别法对琉球的土地进行抢夺；2012 年，日美不顾议会通过的全体反对决议以及知事，全市町村长，每一个琉球人的反对，强行在琉球配备了 MV22 鱼鹰战斗机。这些都显示了对琉球的歧视，殖民地的统治。

日本人，至今仍想以牺牲琉球来继续换取享受"日本的和平与繁荣"。如此下去，今后我们琉球民族的子孙后代不可能和平地生存，不得不忍受战争的威胁。而且，随着日本企业，日本人开拓者的经济统治的扩大，日本政府策定的振兴开发计划的实施，琉球的资源被破坏，对民族文化的同化政策使得精神上的殖民地化也不断加深。这是奴隶的境地。

琉球民族本来是独立的民族，是可以行使被国际法保障的"人民的自主决定权"的法制主体。只有琉球民族可以决定琉球的地位和将来，琉球民族是具有独立的土地权、资源权、生存权、环境权、发掘权、民族自决权、内政权、外交权、教育权、语言权等集团人权的民族。琉球从日本独立，撤除一切军事基地，让新琉球和世界各国、各地区、各民族建立友好关系，用自己的双手建立琉球民族长久盼望的和平与希望之岛是极其必要的。

以琉球民族独立为目标，成立琉球民族独立综合研究学会。本学会的会员限定为具有琉球各岛屿出身的琉球人。本学会史"琉球民族的，琉球民族组成的，为了琉球民族的学会"。

本学会从学术观点就琉球独立进行研究。学会的参与者史有志于琉球独立的所有琉球人，不应该仅限于一部分的学者。作为当事者，分析琉球民族所面对的殖民主义的各种问题，探讨解决的思维与方法，并进行讨论，在实践的过程中形成并深化学问，进而实现琉球民族的真正解放。

　　本学会不是谈论琉球独立可能与否，而是以琉球独立为前提，进行关于琉球独立的相关研究、讨论。诸如为了实现独立需要些什么；世界各殖民地的独立过程；独立前后的经济政策以及政治、行政、国际关系的形态；有关琉球民族的概念定义和认同；琉球各地语言的复兴及语言权的恢复；艺术、教育、性差别、福利、环境、少数民族歧视、城乡及贫富差别问题；在琉殖民者问题等。从各个不同的角度对琉球独立进行综合的研究、探讨，并通过这些培养人次。此外，本学会还将促进以独立为目标的关岛、夏威夷、新喀里多尼亚、法属波利尼西亚等亚洲太平洋诸岛；苏格兰、加泰罗尼亚、佛兰德斯、巴斯、科西嘉等欧洲地区；以及已经成为独立国的太平洋岛屿国家的研究交流，为琉球独立构建世界网络。根据学会的研究成果，参加联合国的各种委员会、国际会议，开展琉球独立的全球性运动。

　　我们依据国际人权条约共同第 1 条所规定的"人民的自主决定权"，以实现琉球独立这一本来的政治地位为目标，依据有关市民及政治权力的国际条约第 18 条"思想、良心和宗教自由"，第 19 条"表现自由"，以及第 27 条"少数民族的权利"，以此为据，推动琉球独立的研究。

　　通过琉球史上首次成立的有关琉球民主独立的学会活动，使琉球民族脱离殖民地的"苦世（苦海）"，早日实现作为独立民族，能够和平·自由·平等地生存的"甘世（乐园）"的到来，我们为此成立本学会，并呼吁所有有志于琉球独立的琉球人参加。

2013 年 5 月 15 日 为了寻求琉球独立，再下决心

附录 6: "李鸿章与琉球及台湾"问题节选

"李鸿章与琉球及台湾"[1] 问题节选

琉球与中国关系，始于隋代大业三年（1260年）隋炀帝令朱宽入海。琉球其与中国的隶属关系，始于明太宗洪武五年（1372年）。明万历三十七年（1609年日本庆长十四年）日本萨摩藩王岛津家久攻占琉球，俘球王尚宁，逼迫立誓文。两年后释回。自此琉王仍以对中国朝贡关系，实际从事商贸往返。惟所得利益，琉人只得食用川资，余均为萨摩攫取。琉王隐忍以中国为父国，而以日本为母国。明朝王室，虽隐忍知情，限于外患内困，无力顾忌，随知而不问。可谓两属时代。此在中琉两政府，均有官方文书考证。蒋廷黻先生形容这种关系说，好像一个女人，许嫁两个男人，幸而这两个男人，未曾谋面，这种奇特现象，安静的存在二百七十多年。十五世纪后，海上贸易大开，

---

[1] 节选自贺恒仁：李鸿章与琉球及台湾，第六届中琉关系学术研讨会论文集，第 218、219、221—223、225 页。

1615 年，英国首先在那霸设立了常驻代表，美国水师提督于咸丰三年（1853）率军至日本与全权大臣大表林大学头交涉与琉订约，答谓，琉球远离本岛，非其本土，未便同意，后琉球与美法荷均有订约，皆使用大清纪元年号（李文忠公稿，第 57 页）。

清同治六年（1867），日本天皇亲政，史称"明治维新"，致力中央集权，日本明治元年（1869），清同治八年，实行版图奉还，便发生了琉球史萨摩属下这个私生子，和强占琉球北方五大岛如何列入版图奉还的问题了。中日修好条约第一条刊刊有"两国所属邦土，亦各以礼相待，不可稍侵越"，日本外务省便以为此条可能有暗射琉球的意念，朝议纷纭，未便有所决定。是时琉球渔民，在台遭杀，柳原前光来探总署口气，得藩民为化外之民，乃期侵台事件。及"北京条约"成立，大久保返回日本，即上书我已承认琉球为属国，乃将冲绳地方省务，移位内务省管辖（中国近代史论丛一辑六册，第 195 页），中日交涉于焉开始。

（一）分岛换约，键在两极。中华文化悠久，礼教深入人心。"分岛换约"一案未成的基本原因在于：中国政府对琉球有"继绝亡存"的责任，这是春秋的大义，儒家中庸的铭言，中国人人对此一大铭言，已刻骨铭心的渗入血液中了，日本人要想以琉球二岛为钓饵，来换取中国政府为其灭亡琉球，签出一张出卖琉球的卖身契，而中国政府则接受分岛换约，但要在南岛为琉球立国。以存琉球这又是日本人万万不愿意答应的。"分岛换约"约稿失效后的六七年间，日本人又为琉案，提出七次之多，暗中洽商接触，不知若干次，都因为这个两极的关键，无法取得统一的共识，所以只好各行其是了。

《马关条约》时，刁狡的伊藤，也是社科的认识了这一点，生怕激起了中国人的共怒，把《马关条约》，足供一跃而挤进世界一等强国之林的老本巨款弄砸了，他也生怕又像"分岛改约"一样，草约来个民主投票，为把这个已吞到肚子，都快消化完的琉球问题提出来，激起中国的全民共怒，把对日本人的八年长期抗战，提前四十多年，那实在是他担惊受怕的。果尔，则"以德报怨"的美行，赫日本人做梦也想不到的复兴成果，历史也要重写了。伊藤亦可谓狡而准狠之有识者也。无怪韩人安重根一枪之于死地也，是日本人以李鸿章以对日有成见、与日为难，实亦有欠公允也。

（二）高瞻远瞩，运筹高明。事实证明，"分岛换约"一案，日本是以在并吞琉球上，与中国协商法律上的依据，仍以宫古、八重山二岛为利饵，并来换取"内地通商"、"利益均沾"的大利，而其关键重点在决不允琉人复国，与我之以"存琉祀"为主的意念，是针锋相对的。设如"分岛换约"签订了。是日本人赫中国两造在把琉球瓜分了。日本人得了吞并琉球的法律依据，赫琉球岛地之利，以及在中国"内地通商"、"利益均沾"的无限大利，可以顿解经济困境，中国政府则陷入以义使利终的陷阱，不但为以宗主国身份为琉球王国签下了"卖身契"，出卖了琉球，而且在未来的岁月中，对琉球问题，将永无置喙之余地了。中国政府便成了"猪八戒照镜子"多方面都说中国不是人了。幸得李鸿章洞烛此奸谋诡计，而以"支展"之一法破之。闻国际公法里有一事例，在某一事件，不克即行决定时，可以延缓处之，嗣后待其力权之所得及时，可以随时处理之。在三十多年前（1972年5月）美国政府要将琉球交还日本时，我国政府振振有词的发表声明，不承认美日之间的私相授受。今后在任何时间，中国政府只要力权之所及时，随时可以名正言顺地从日本手里把琉球扶植为独立国家。琉球政府及人民，亦可以时进行复国的措施。

由此观之，在李鸿章意见的影响下，使"分岛换约"一案，得以"支展"处理，确有高明之处，是误打误撞的呢？是高瞻远识，运筹高明呢？恭请贤达方家，有以教之。

日本人对吞并琉球名之曰："回归"，即日本为琉之祖国，是琉人今日已在美人托管下，交还"回归"日本卅

年了，据《中国时报》1991 年 5 月 15 日，该报国际新闻
中心翁玮麟所制"琉球回归日本廿年大事证"表载：1975
年 7 月 17 日，前往琉球访问的日本皇太子（日本明仁）
夫妇遭到汽油炸弹投掷。日本国旗，在琉球各校毕业典礼
时悬挂与否，经常引起纷争。日本全国运动会，在琉举行时，
就有琉青年爬上栏杆，硬是把日本旗摘了下来。日本裕仁
逝世前以未能访琉为憾。（《联合报》1992 年 5 月 15 日
东京特派员陈世昌专文报道）琉球人是不是真的"回归"？
裕仁和明仁"大家言照不宣"，他心里明白。

　　这个琉球的取得，想找个法律依据，恐怕仍是日本人
茶思饭后，耿耿于怀的事啊！

　　若是李鸿章之于琉球，是耶？非耶？功耶？过耶？明
眼人不言而喻了。

　　李鸿章对琉球之继绝存亡、力有未逮，唯其"支展"
一策，使日本朝野，为吞灭琉球，觅寻法据美梦为碎，
饭后茶余，束手浩叹。马关李氏面部之狙击，岂预泄其
举国之愤恨耶？李公之定测高妙，研法者当赞为绝响。
今往者已矣，当前之策，如何运用适当时机，使琉球王国，
早日出现于历史篇章，中华儿女，人各有责，吾人岂各
勉之也哉？

附录7：黄遵宪《琉求歌》

白头老臣倚墙哭，颓髻斜簪衣惨绿，自嗟流荡作波臣，细诉兴亡溯天蹴。

天孙传世到舜天，海上蜿蜒一脉延。弹丸虽号蕞尔国，问鼎犹传七百年。

大明天子云端里，自天草诏飞黄纸，印绶遥从赤土颁，衣冠幸不珠崖弃。

使星如月照九州，王号中山国小球，英荡双持龙虎节，绣衣直指凤麟洲。

从此苞茅勤入贡，艳说扶桑茧如瓮。酋豪入学还请经，天王赐袭仍归瑁。

尔时国势正称强，日本犹对异姓王，只戴上枝归一日，更无尺诏问东皇。

黑面小猴投袂起，谓是区区应余畀，数典横征贡百牢，兼弱忽然加一失。

鲸鲵横肆气吞舟，早见降幡出石头，大夫拔舍君含璧，昨日蛮王今楚囚。

畏首畏尾身有几，笼鸟惟求宽一死，但乞头颅万里归，妄将口血群臣誓。

归来割地献商於，索米仍输岁岁租，归化虽编归汉里，畏威终奉吓蛮书。

一国从兹臣二主，两姑未觉难为妇。称臣称侄日为兄，依汉依天使如父。

一旦维新时事异，二百余藩齐改制，覆巢岂有完卵心，顾器略存投鼠忌。

公堂才锡藩臣宴，锋车竟走降王传，刚闻守约比交邻，忽尔废藩夷九县。

吁嗟君长槛车去，举族北辕谁控诉？鬼届明知不若人，虎性而今化为鼠。

御沟一带水溶溶，流出花枝胡蝶红。尚有丹书珠殿挂，空将金印紫泥封。

迎恩亭下蕉荫覆，相逢野老吞声哭，旌麾莫睹汉官仪，簪缨未改秦衣服。

东川西川吊杜鹃，稠父宋父泣鹧鸪。兴灭曾无翼九宗，赐姓空存殷七族。

几人脱险作遁逃？几次流离呼伯叔？北辰太远天不闻，东海虽枯国难复。

毡裘大衣来调处，空言无施究何补？只有琉球恤难民，年年上疏劳疆臣。

附录 8：宋漱石《琉球归属问题》[1] 节选

我们对琉球归属问题，可以得出以下结论：

琉球归属中国五百零七年（自西历 1372 年至 1879 年），史实具在，不容抹煞。

日本侵占琉球六十六年（自 1879 年至 1945 年），从未获得中国的承认，在法律上毫无根据。

中国对琉球群岛归属问题之最后处置，保有发表其意见之权利与责任，关于琉球问题之任何解决，如未经与中国政府事前协商，将视为不能接受。

日本之所谓"残余主权"，在国际法上毫无根据。

根据国际条约，日本绝对无权重复统治琉球。

美国根据旧金山条约第三条之规定，美国政府将向联合国建议，将琉球群岛置于其托管制度之下，而以美国为其唯一之管理当局，并在作此建议以前，美国有权对此等

---

[1] 宋漱石：琉球归属问题，中央文物供应社印行，中华民国四十三年四月出版，第 73-74 页。

岛屿之领土及居民，行使一切及任何行政立法及管辖的权力。

美国必须根据联合国宪章的宗旨及托管制度的目的，尊重琉球人民获得选择其自身前途的机会。

美国将奄美大岛交还日本，此一措施是与波兹坦宣言之文字及精神相悖，亦决非金山合约之本旨，今后对于琉球群岛其他群岛之处置，不可再蹈覆辙。

第九，中美两国有深切的传统友谊，而且是反共的盟友，中日合约签订后，中国与日本亦已化敌为友，今后在反抗共产极权侵略的战争中，更需要密切合作，中国之反对将琉球任何一岛交还日本，是根据国际法理而言的，并非对日本的嫉视。

第十，自由独立是任何民族的共同需要，依据国际宪章及托管制度之意义，乃在促成琉球将来的自治独立，日本经过二次大战的教训，也步入了民主自由的大道，对于已往殖民地的政策，应当自动放弃，共同促成琉球的自治独立，相互合作，成为太平洋安全保障的中流砥柱，这样中日与琉球的民族情感，也才可以增进，而共同努力以谋远东乃至世界的永久和平，我们觉得日本执政当局有一个牢不可破的观念，就是日本在远东的霸业，是由得琉球始，自失琉球终，因此对于琉球的统治，恋恋不忘，当此美国急欲重整日本武装，希冀其能参加太平洋防卫，故不惜用各种方法，以谋琉球的统治，我们认为这是不必要的，现在国际政治的理论，自遣俘原则确定以后，已走上一个新时代，俘虏尚可有选择自由的机会，何况琉球人民，日本政治家常常宣传日琉关系之深，用各种方法以图琉球人民的归化，但在事实上，日琉两民族间的冲突，非常激烈，只要翻开琉球复国运动的历史，便可以看出琉球人民之不愿受日本统治，假定有一天琉球归属问题到了应当解决的时候，琉球人民可以自由选择其前途，我们相信绝无人愿意放弃其自治独立，而甘愿受日本重复统治者，如果用强力使其接受统治，亦非现代国际法理所容许，因此，我们甚望日本当局放弃其过去不适于自由原则的殖民政策，转而协助其向独立自由前途发展，则对日本未来的收获当比较强力统治为强，而太平洋上的安全保障，更可获得较多的裨益。

参考文献：

中文论文

徐恭生：福州与那霸关系史初探，福建论坛，1981 年第 5 期。

谢必震：略论明代三十六姓移居琉球的历史作用，海交史研究，1986 年第 2 期。

方宝传：明清册封使及其从客在中琉关系中的作用，福建师范大学学报，1989 年第 4 期。

武尚清：琉球民族与华夏文化，世界民族，1995 年第 2 期。

谢必震：古代琉球的华裔伟人，华侨华人历史研究，1997 年第 4 期。

朱淑媛：清代琉球国的谢恩与表奏文书，清史研究，1998 年第 4 期。

何芳川："华夷秩序"论，北京大学学报，1998 年第 6 期。

米庆余：琉球漂民时间与日军入侵台湾，历史研究，1999 年第 1 期。

方堃：琉球、钓鱼岛与中日关系，中国边疆史地研究，2002 年第 1 期。

米庆余：钓鱼岛及其附属岛屿归属考——从明代陈侃"使琉球录"

谈起，历史研究，2002 年第 3 期。

张良福：中国政府对钓鱼岛主权争端和东海划界问题的基本立场和政策，太平洋学报，2005 年第 8 期。

王海滨：中国国民政府与琉球问题，中国边疆史地研究，2007 年第 3 期。

修斌、常飞：琉球复国运动的历史回顾，中国海洋大学学报（社会科学版），2010 年第 4 期末。

孙晓光、张赫名：妈祖：中国海洋文化的象征，中国宗教，2013 年第 10 期。

李理：日本"吞并琉球"计划出台始末，清华大学学报（哲学社会科学版），2013 年第 6 期。

袁家冬：日本萨摩藩入侵与东亚地缘政治格局变迁，中国社会科学，2013 年第 8 期。

孙晓光、刘成：战后日本的"和平纪念"与和平建设——以日本和平博物馆为中心，江海学刊，2015 年第 4 期。

张赫名、孙晓光：中国和平经略南海的历史与现实，河海大学学报（哲学社会科学版），2016 年第 2 期。

孙晓光、张赫名：东亚视域下东海、南海领土争议之比较及启示，齐鲁学刊，2017 年第 6 期。

崔丕、崔修竹：美日学界关于冷战时期琉球群岛问题研究的演进（上），首都师范大学大学学报（社会科学版），2017 年第 3 期。

中文著作：

明实录，（台湾）"中央研究院"历史语言研究所影印本。

北平故宫博物院编：清光绪朝中日交涉史料，故宫博物院，1932 年版。

清实录，崇谟阁影印本，1936 年。

吴壮达：琉球与中国，正中书局，1948 年版。

程鲁丁：琉球问题，文献书局，1950 年版。

宋漱石：琉球归属问题，中央文物供应社印行，中华民国四十三年四月出版。

陈大端：雍乾嘉时代的中琉关系，明华书局，1956 年版。

徐葆光撰，台湾银行经济研究室编：中山传信录，台湾文献丛刊第 307 种，1972 年版。

吴晗：朝鲜王朝实录中的中国史料，中华书局，1980 年版。

徐玉虎：明代琉球国对外关系之研究，台湾学生书局 1982 年版。

郑梁生：明代中日关系史研究，台湾文史哲出版社，1985 年版。

王彦威纂辑：清季外交史料，书目文献出版社，1987 年版。

郭廷以：近代中国史事日志，中华书局，1987 年版。

马大正主编：中国古代边疆政策研究，中国社会科学出版社，1990 年版。

陈希育：中国帆船与海外贸易，厦门大学出版社，1991 年版。

中国第一历史档案馆：清代中琉关系档案续编，中华书局，1994 年版。

中国第一历史档案馆：清代中琉关系档案三编，中华书局，1996 年版。

谢必震：中国与琉球，厦门大学出版社，1996 年版。

陈尚胜：怀夷与抑商——明代海洋力量兴衰研究，山东人民出版社。

米庆余: 琉球历史研究, 天津人民出版社, 1998 年版。

马大正主编: 中国边疆经略史, 中州古籍出版社, 2000 年版。

何慈毅: 明清时期琉球日本关系史, 江苏古籍出版社, 2002 年版。

中国第一历史档案馆: 清代中琉关系档案五编, 中国档案出版社, 2002 年版。

殷晓霞、贾贵荣: 国家图书馆藏琉球资料续编, 北京图书馆出版社, 2002 年版。

王宏斌: 清代前期海防: 思想与制度, 社会科学文献出版社, 2003 年版。

赖正维: 康熙时期的中琉关系, 海洋出版社, 2004 年版。

李云泉: 朝贡制度史论: 中国古代对外关系体制研究, 新华出版社, 2004 年版。

谢必震: 明清中琉航海贸易研究, 海洋出版社, 2004 年版。

丁春梅: 清代中琉关系档案研究, 中国档案出版社, 2007 年版。

孙晓光: 战后日本政治与外交(1945-2011), 云南人民出版社, 2012.

日文著作:

東恩納寛惇: 琉球の歴史, 至文堂, 1957。

英修道: 外交史論集, 慶応義塾大学法学研究会, 1969。

那覇市役所: 那覇市史(資料篇)第 2 卷中 4, 那覇市役所, 1971。

坂野正高: 近代中国政治外交史, 東京大学出版会, 1973。

金城正篤：琉球処分論，沖縄タイムス社，1978。

曽根俊虎：近代日本形成過程の研究，雄山閣出版株式会社，1978。

我部政男：明治国家と沖縄，三一書房，1979。

安良城盛昭：新・沖縄史論，沖縄タイムス社，1980。

新川明：琉球処分以降（上巻），朝日新聞社，1981。

芝原拓自：日本近代化の世界史的地位，岩波書店，1981。

石井孝：明治初期の日本と東アジア，有隣堂，1982。

高良倉吉：琉球王国の構造，吉川弘文館，1987。

多和田真助：福州琉球館物語，ひるき社，1989。

紙屋敦之：幕藩制国家の琉球支配，校倉書房，1990。

西里喜行編：琉球救国請願書集成，法政大学沖縄文化研究所，1992。

堀敏一：中国と古代東アジア世界：中華的世界と諸民族，岩波書店，1993。

菊山正明：明治国家の形成と司法制度，御茶の水書房，1993。

又吉盛清：台湾支配と日本人，同時代社，1994。

藤村道生：日清戦争前後のアジア政策，岩波書店，1995。

茂木敏夫：変容する近代東アジアの国際秩序，山川出版社，1997。

宮野賢吉：首里城の起源を探る，那覇出版社，1999。

桑原真人：蝦夷地と琉球，吉川弘文館，2001。

紙屋敦之：琉球と日本・中国，山川出版社，2003。

豊見山和行：琉球・沖縄史の世界，吉川弘文館，2003。

安里進ほか：沖縄県の歴史，山川出版社，2003。

豊見山和行：琉球王国の外交と王権，吉川弘文館，2004。

西里喜行：清末中琉日関係史の研究，京都大学学術出版会，2005。

後田多敦：琉球の国家祭祀制度：その変容・解体過程，出版舎 MUGEN，2009。

高良倉吉：琉球の時代，筑摩書房，2012。

後田多敦：琉球救国運動：抗日の思想と行動，出版舎 M ugen，2015。

后 记

　　琉球国因其特殊的地理位置，以东北亚和东南亚贸易中转站著称，其贸易发达，号称"万国津梁"。自1372年（明洪武五年）中国与琉球（琉球中山国王察度）确立册封关系以来，到19世纪70年代，中国和琉球国之间一直保持着册封与进贡的关系，双方的友好往来历经500余年，从未中断。中国和琉球之间的封贡制度下的朝贡贸易、文化交流和人员往来十分频繁，纳入了以中国为中心的东亚国际秩序之中。琉球国与明清两朝之间建立的从属关系一直持续到近代。

　　然而，1872年，日本单方面宣布将琉球国设置为琉球藩。1875年，日本大军入侵琉球，禁止琉球向清王朝进贡，废除中国年号，改明治年号。1879年，日本政府宣布设置"冲绳县"，强行将琉球群岛纳入日本版图。

　　琉球亡国后，琉球上层高官不断前往中国向清政府请愿，恳切清政府派遣远征军以武力攻打日本，帮助琉球复国。根据冲绳县令西村舍三的统计数据，至 1884 年请愿人数已达 124 人。[1] 这些请愿人所写下的请愿书在冲绳县立图书馆东恩纳宽惇文库之"福州琉球馆"藏北京投禀抄 [2]，台北"中央研究院"近代史研究所收藏的"清季外交档"[3]，及台北故宫博物院收藏的"军机档"中发现的档案。请愿书主要以进贡之关系人物以及旧王府的要人为中心展开。关于请愿书的提出对象，一部分是对无上奏权的官吏提出，再由其有上奏权的官吏请求代奏，其他皆直接对有上奏权的机关或官吏提出。有上奏权的中央机关如总理衙门是与国外交涉的中央机关，琉球归属问题等实质外交交涉皆由其负责，故为滞留北京的请愿者请愿所集中之处。礼部是统辖琉球之册封、进贡事宜的机关，请愿者为琉球复旧在传统的进贡、册封体制的坚持当中，以中国藩属的身份对礼部诉求贡典制度之恢复。对有上奏权之官吏所提出的请愿书中以李鸿章为最多。

---

[1] 《冲绳县关系各省公文书》二（《冲绳县史》第一三卷资料编三、1996 年），274-282 页。

[2] 冲绳县图书馆东恩纳宽惇文库收藏《福州琉球馆藏北京投禀抄》中编录自 1879-1882 年毛精长、蔡大鼎及林世功对北京提出的请愿书多达 13 件。

[3] "中央研究院"近代史研究所收藏的《清季外交档案》之《琉球档》中收录字 1884 年至 1885 年毛凤来、向德宏及向有德等向北京提出的请愿书共计 7 件。

因此，请愿书是以"禀文"的形式所完成，是下级官吏对上级官吏提出文书。在其以宗藩为根基的册封体制下，将维持君臣关系的琉球国王定位于"藩臣"，并指出日本政府悍然将"藩臣"的社稷灭亡之事。请愿书中联名的请愿人都是士族，在请愿书中署名为"琉球国陈情陪臣某某"，所谓"陪臣"也就意味着"藩臣"的臣下，其明确地以君主尚泰臣下的名分，阐述"复国"、"复君"的大义。其中，君臣论的表现受儒家的伦理规范所影响甚多，如向德宏将北上的请愿行为自喻为"申包胥之痛哭"。请愿书以此例阐述"主忧臣辱，主辱臣死"之说。另外。毛精长等在对总理衙门及礼部所提出的请愿书中有"今遭倭人荼毒，竟致主辱国亡，长等误国之罪万死犹轻"的叙述，已自我肩负误国之罪。

此后，向德宏等要求直接向清廷请愿，但未能如愿。而关于琉球问题的处理，清廷派遣首任驻日公使何如璋赴东京交涉，又命令向德宏等人归国。然而，福建当局唯恐向德宏等人归国后遭日本当局拘留，于是任其滞留在福州琉球馆，但始终不许其上京陈情，而向德宏及毛精长等人竟义无反顾的北上陈情，其违背皇帝上谕的行为，当可想象将接受严重的处分，对此向德宏在请愿书中申述"敢不避斧钺，来京呼泣"。毛精长也有类似的陈述。可见其已抱必死的决心，并彻底表现出股肱之臣的气节。请愿书中所述君臣之义主要是以儒家的伦理道德为规范，而向宗主国"中国"请求介入解决问题。其目的基本上是将灭亡的社稷复原之所谓"复国"，及将上京遭幽禁的君主"复位"。

这场旷日持久的救亡图存的请愿运动，时间长达 10 年之久（1876-1885），并以汉文向清政府上呈"救国请愿书"多达 30 余份。琉球上层高官先后向福建布政司、中国驻日公使、北洋大臣李鸿章、总理衙门、恭亲王奕䜣、礼部、督办福建军务左宗棠、闽浙总督杨昌浚等部门及清朝重臣上书请愿。

针对请愿人向宗主国恳请介入的方法上，请愿运动之初请愿书之内容各异。向德宏在请愿书中写到"生不愿为日国属人，死不愿为日国属鬼，虽糜身碎首亦所不辞"。明确表明其反日情绪，请求中国武力介入兴师问罪。相对于毛精长在总理衙门的请愿书中则有"泣请王爷暨大人洞察前由，俯准传召驻京倭使，谕之以大义，脱俗筹办，还我君主复我国都"的请求。这里所谓的国都是指琉球"山南"、"中山"、"山北"三府。

琉球"救国请愿书"主要内容包括如下几个方面。日本侵吞琉球时的惨烈状况，请求清廷出面干预；强调琉中历史的友好关系、琉球的战略地位及琉球存亡对中国的利弊分析；反对琉球"分岛方案"，请求清政府派遣远征军以武力攻打日本，收复琉球全境等方面构成。

通过对琉球"救国请愿书"的整理与研究，我们可以得出如下几点启示。

1. "琉球再议"，我们"议什么"？面对琉球上层向清政府发出的请愿书，清政府无力派兵相救。但清政府却正式向日本提出了抗议，清朝驻日本公使也向日本政府提出了质询和谴责。1879 年底至 1880 年初，中日之间进行了外交谈判，讨论过"分岛改约"方案，李鸿章拒绝在方案上签字。1887 年，总理衙门大臣曾纪泽在会见日本驻华公使盐田三郎时说，琉球问题尚未了结。已故日本京都大学名誉教授井上清认为，中日之间涉及琉球与中日贸易的谈判一直持续到 1888 年 9 月，因清政府不让步，日本停止了谈判。日本政府当年也认为琉球问题是一个尚待解决的悬案。[1] 中国政府始终没有承认日本吞并琉球是合法的。但由于甲午战争的爆发，中国战败，有关琉球问题的商讨便搁置下来。很显然，如果没有甲午战争，琉球问题还将继续交涉。所以，琉球再议，至少要接续 19 世纪 80年代中日两国之间就琉球问题所进行的谈判，即从琉球上

---

[1] 彭光谦、徐长银主编：《世界反法西斯战争 70 年警示录》，上海远东出版社，2015 年版，第 63 页。

层官员十余年间向清廷递交 30 余封请愿书可以作为一个重要节点。这是琉球再议的关键。

2. 建议加强"琉球墓园"、"琉球馆"等见证琉球历史和中琉交往历史的文物古迹的保护、修缮工作。课题组曾赴"琉球墓园"、"琉球馆"等地实地考察。我们以"琉球墓园"为例，琉球墓园位于福州市仓山区白泉庵。墓园为目前中国现存最完整的琉球墓群之一，1980 年列为福州市文物保护单位，1986 年正式围墙建成陵园，园区占地面积 3200 平方米。内由 8 台琉球墓、一座长方形墓亭和一个祭台组成。经常有日本冲绳县的各界人士前来参拜，并植树留念。由前那霸市议长平良松良先生种植的两株榕树，现枝繁叶茂。然而，遗憾的是，墓园的管理人员只有陈老伯一人，开放时间也不能保证。希望相关职能部门提升琉球墓园的保护级别及建立制度化的管理模式，加大对外宣传力度，让更多的人了解中琉关系的历史。另外，还应加强琉球（冲绳）当地中国文化遗产的研究与宣传工作。如充分利用琉球的孔庙、天妃宫、福州园等文化遗产，增强琉球人对中华文化的认同感。我国相关职能部门可在当地政府及团体的允许下，可无偿赠送那霸孔庙的祭孔礼器等。还可在条件允许的情况下，加强中国内地孔庙与琉球孔庙进行"合乎礼制"的文化交流。也可以资助对儒家文化感兴趣的琉球人，重走"朝贡路"，重收"琉球留学生"，让他们感受中华文化的魅力。

3. 应充分研判"琉球再议"对东亚海域争端影响的连锁效应。近年来，随着东亚各国将发展中心逐步转向海洋，东亚海洋领土争端持续紧张。尤其是东海（钓鱼岛）、南海成为该地区海洋领土争议烈度最高的海区，并呈现出两处海域争端彼此联系的趋势。在南海争端方面，日本依据其海上安全政策，以日美同盟为基础，以与东盟国家的密切关系为依托，矛头直指中国，高度重视并再次介入南海事务当中，同时策应钓鱼岛争端。从古代琉球王国的历史、日本强行吞并琉球时中日两国关于琉球问题的交涉、二战后同盟国对日战后处理中的琉球问题、琉球人民的独立愿望等方面，针对琉球群岛的法律地位问题在中日两国之间或联合国的框架下进行重新讨论，也实属必要。只要中国敢于正视并且主动提出琉球群岛法律地位问题，那么对于中国维护钓鱼岛主权，甚至打压日本深度介入南海争端，扭转中国对日外交战略的被动态势来说，"琉球再议"应该是一张绝佳好牌。毕竟现今的中国不是晚清政府，处在变动中东亚地缘形势，期待中国为维护东亚地区的和平与稳定做出应有的贡献。

4. 关注琉球人（冲绳人）的"民意选择"。2013 年 5

月 8 日，《人民日报》发表中国史学会会长张海鹏和中国
社会科学院边疆研究所研究员李国强的《论〈马关条约〉
与钓鱼岛问题》[1]，文章提出"琉球再议"的主张。2013
年 5 月 15 日，"琉球民族独立综合研究会"在琉球（冲绳）
成立，可以认为研究会的成立回应了世界舆论对琉球归属
问题的热议。"琉球民族独立综合研究会"的成立是琉球
人（冲绳人）独立意愿的一种表达，也为琉球人（冲绳人）
追求独立自主提供一种选择和可能。就目前情况来看，"独
立"对琉球仍是一种比较极端的选择。但是，至少当前琉
球民众对日本本土乃至日本人逐渐失望的过程中形成了一
种集体潜意识，即积极维护琉球人的尊严，赢得世人对琉
球的尊重。正如"琉球民族独立综合研究会"成立宗旨所
表达的那样，"琉球民族本来是独立的民族，是可以行使
被国际法保障的'人民的自主决定权'的法制主体。……
琉球从日本独立，撤除一切军事基地，让新琉球和世界各
国、各地区、各民族建立友好关系，用自己的双手建立琉
球民族长久盼望的和平与希望之岛是及极必要的。"未
来中国若要善意地支持琉球人民追求自己的未来前途，应
该用心理解琉球人经历过的历史，尤其是近代史，弄清楚

---

[1] 张海鹏、李国强：论《马关条约》与钓鱼岛问题，人民日报，2013
年 5 月 8 日。

琉球人的内心世界，充分尊重琉球的民意。

中国与琉球拥有深厚的历史渊源，是我们今天经略琉球问题的基础。12 世纪以降，由于受到宋、元、明繁荣的航海文化的影响，最终蝉蜕出琉球王国的文明之花，并以此身份加入了中国的藩属秩序体系。尽管琉球 12 世纪中期才开始进入古代封建文明的发展阶段，但由于有中国明清两个王朝的庇荫，很快就进入勃兴的发展快车道。其盛况正像留存下来的"万国津梁"鼎钟所描述的那样，"琉球国者，南海胜地也。钟三韩之秀，以大明为辅车，以日域为唇齿，在此二中间涌出之蓬莱岛也。以舟楫为万国之津梁，异产至宝充满十方刹"。

"万国津梁"的意思是，琉球王国通过转口或中转贸易，成为沟通多国间物流的通道或桥梁。1458 年，琉球铸成"万国津梁钟"，邀请日本僧人芥隐撰写铭文。芥隐在铭文中写道，明帝国是两国的靠山，日本和琉球则唇齿相依。这的确反映出当时东亚周边各国与中国明朝及其相互间关系的实态。

2016 年 4 月 -2016 年 10 月，因国家社科基金重点课题"冷战以来南海地缘形势与中国维护海洋权益研究"的需要，受山东省政府公派留学项目与山东省教育厅访学项目资助，我带领曲阜师范大学东亚海域研究团队骨干成员，赴东京、京都、冲绳等地访学交流并搜集海洋问题研究资料。

我在冲绳县立图书馆查阅资料时，无意间翻阅了"琉球救国请愿书"的相关文献资料，认为意义重大，有必要对救国请愿书进行点校、整理、编译与研究工作。恰逢此时，全国高校古籍整理工作委员会下发2016年度古籍整理项目申报通知，我决定申报试试。在访学任务异常繁重的情况下，填写了项目论证书，并上报到全国高校古籍整理研究工作委员会。出乎我预料的是，2016年9月，收到古委会的立项通知书，该选题最终予以立项资助。立项后，课题组成员召开项目开题报告会，就项目的下一步工作，进行了认真的论证。

在课题的完成过程中，要特别感谢中国史学会原会长、中国社会科学院学部委员张海鹏先生为本书作序，并对本研究提出了很多中肯的意见。感谢中国社会科学院中国边疆研究所李国强研究员。感谢厦门大学南海研究院李金明教授。感谢福建师范大学谢必震教授。感谢南京大学历史学院陈晓律教授。感谢南京大学中国南海研究协同创新中心朱锋教授。感谢东北师范大学历史文化学院韩东育教授。感谢中国社会科学院日本研究所杨伯江研究员、吕耀东研究员。感谢南京大学历史学院刘成教授。感谢山东大学历史文化学院王育济教授。感谢中国海洋大学海洋文化研究所曲金良教授。感谢山东师范大学赵文亮教授。感谢冲绳大学法经学部刘刚教授。感谢暨南大学中外关系研究所郭渊教授。感谢朝鲜问题研究专家李敦球教授。感谢曲阜师范大学孔子文化学院傅永聚教授、马士远教授。感谢曲阜师范大学历史文化学院成积春教授、黄仁国教授、张兆敏教授，感谢曲阜师范大学研究生处李兆祥教授。感谢曲阜师范大学社会科学处杜曙光教授及社会科学处的所有老师。感谢新华出版社董朝合副编审的辛苦付出。感谢山东省一流学科"中国史"学科对本书出版的资助。衷心地感谢他们对曲阜师范大学东亚海域研究团队的热情帮助。

感谢课题组其他成员的通力合作，他们是南京大学中国南海研究协同创新中心赵德旺博士、曲阜师范大学历史文化学院侯乃峰副教授、曲阜师范大学历史文化学院张赫名副教授，没有他们的共同努力，本书是无法完成的。同时，也要感谢我的研究生白欣杰、陶圆、付美，在文献资料的录入、校对方面的认真工作。

本书在写作过程中，借鉴和吸收了国内外许多学者的学术观点和研究成果，在此向东亚问题研究学者，尤其是琉球问题研究学者致以诚挚的谢意。

孙晓光

2018 年 7 月 23 日于曲园